梅　益

中国社会科学院第二届党组第一书记

梅益著

梅益文选

中国社会科学出版社

图书在版编目（CIP）数据

梅益文选 / 梅益著 . —北京：中国社会科学出版社，2017.5
（中国社会科学院建院 40 周年纪念文库）
ISBN 978 - 7 - 5203 - 0320 - 0

Ⅰ. ①梅…　Ⅱ. ①梅…　Ⅲ. ①社会科学—文集　Ⅳ. ①C53

中国版本图书馆 CIP 数据核字（2017）第 079439 号

出　版　人	赵剑英
项目统筹	方　军　白晓丽
责任编辑	许　琳　梁剑琴
责任校对	冯英爽
责任印制	王　超

出　　版	中国社会科学出版社
社　　址	北京鼓楼西大街甲 158 号
邮　　编	100720
网　　址	http：// www.csspw.cn
发 行 部	010 - 84083685
门 市 部	010 - 84029450
经　　销	新华书店及其他书店

印刷装订	北京市十月印刷有限公司
版　　次	2017 年 5 月第 1 版
印　　次	2017 年 5 月第 1 次印刷

开　　本	710×1000　1/16
印　　张	9
插　　页	3
字　　数	105 千字
定　　价	58.00 元

凡购买中国社会科学出版社图书，如有质量问题请与本社营销中心联系调换
电话：010 - 84083683

《中国社会科学院建院 40 周年纪念文库》出版说明

一、中国社会科学院自 1977 年 5 月成立以来，历经 40 年的发展，已经建设成为党中央领导的马克思主义坚强阵地、党的意识形态重镇、哲学社会科学最高殿堂和国家级综合性高端智库。这与历届我院主要负责同志谋篇布局、殚精竭虑、改革创新密不可分。在庆祝建院 40 周年之际，院党组决定，编辑出版《中国社会科学院建院 40 周年纪念文库》，请曾任和在任的院主要领导编撰纪念文集，每位院领导一卷。

二、入选文库作品的作者为我院历届主要负责同志（含党和国家领导人），共十位，名单如下：

胡乔木（中共第十二届中央政治局委员，中国社会科学院第一届院长、党组书记）

邓力群（中共第十二届中央书记处书记，中国社会科学院第一届副院长、党组副书记）

马　洪（中国社会科学院第二届院长）

梅　益（中国社会科学院第二届党组第一书记）

胡　绳（第七届全国政协副主席，中国社会科学院第三届、第四届、第五届院长、第三届党组书记）

郁　文（中国社会科学院第四届党委书记）

王忍之（中国社会科学院第五届党委书记）

李铁映（中共第十三届、第十四届、第十五届中央政治局委员，第十届全国人大常委会副委员长，中国社会科学院第六届院长、党组书记）

陈奎元（第十届、第十一届全国政协副主席，中国社会科学院第七届院长、党组书记）

王伟光（中国社会科学院第八届院长、党组书记）

三、文库各卷内容反映了历任院领导在办院实践过程中，对哲学社会科学科研生产和人才成长规律、中国社会科学院办院规律、哲学社会科学发展规律进行研究、探索和实践的成果。历任院领导办院的大方向、大原则是一致的，但又有不同时期的特点。文库是中国社会科学院弥足珍贵的院史资料，有些文章是第一次公开发表，将为后人留下可资借鉴的宝贵经验。我们相信，随着时代的发展，文库的思想理论价值、学术价值、史料价值一定会愈加凸显。

四、文库的组织、编辑、出版工作由中国社会科学院办公厅具体负责。历经短短的 5 个多月的时间，能够与读者见面，与各位院领导及其秘书、亲属、出版社的大力支持密不可分，在此表示深深的谢意。

编　者
2017 年 4 月

目　　录

上下同心 开创社科新局面

——在中共中国社会科学院委员会第一届第二次全体会议上的讲话

（1981 年 5 月 20 日）

　　院党委成立已经 11 个月了。原决定在去年年底召开第二次全体会议，总结半年工作，研究和决定 1981 年工作计划。后来，因为学习中央一、二号文件，不得已推迟，一直到 5 月 20 号才召开。会议听取了常委会的工作报告，纪律检查委员会的工作报告和行政工作的报告，还讨论了常委会提出的三个文件的草案，就是《关于我院贯彻党的调整方针的几项决定》《关于改善我院科研领导的几点意见》和《关于改进和加强我院思想政治工作的意见》。党委会经过四个半天的讨论，同意上述三个报告，同时，通过了常委会提出的三个文件。在这次会上，党委会的同志对中国社会科学院一年来在工作和学习中出现的各个重要问题进行了讨论，同志们的意见是一致的，这证明了我们的党委会在党中央的方针、政策指导下是团结一致的，中国社会科学院安定团结的形势是好的，这就大大加强了我们今后改善领导、做好工作的信心。现在我把党委会讨论和决定的几个重要问题向同志们作一次汇报。汇报包括三部分：

一是 11 个月的工作情况；二是学习中央一、二号文件的简要总结；三是今年下半年的主要工作。

一 11 个月的工作情况

从去年 6 月份开始，常委会是按照党代会确定的方针和新党委批准的四项工作计划（抓好科研；建立健全规章制度；加强思想政治工作；改善工作条件）开展工作的。实践证明：去年的党代会的决议是正确的。它贯彻了党的十一届三中全会的路线、方针、政策，既批判"左"的错误，又及时地提出要注意存在于机关内部的自由化倾向。一年来，在党中央的关怀和乔木同志的领导下，各单位的同志积极努力，做了大量的工作，成绩是显著的。

1980 年初，乔木同志在春节座谈会和党代会上的讲话，鼓舞了全院职工，使我院的科研事业有了进一步的发展。中国社会科学院是为国家的现代化服务的。社会科学方面（包括我们所有各个学科）的研究和全国各条战线一样都在为我们国家的现代化做出贡献。据不完全的统计，1980 年我们的科研成果共有 3673 种，其中专著 112 种，小册子 27 种，工具书 6 种，论文 2245 篇，调查报告 257 件，资料 507 种，还有译著、译文、选本等，数量比前年多，质量有些也比较高。这些统计数字，只能部分地说明我们做出的贡献。去年我们在社会科学研究方面取得的成就，大体可以分成以下三个方面：第一，那些直接为现代化建设服务的学科，例如各个经济所，包括世经所，他们参加中央、国务院统一组织的经济体制和结构改革等方面的调查研究，写了不少有质量的调查报告，反映了情况，提出了建议。法学所配合政法部门在法制建设方面也做了一些调查和起草文件的工作。研究国际问题的几个所也向中央、国务院提供了一些有参考价值的材料。这些所都或多或少地对所调查的事实做出理论的解释，从事理论的探索，虽然做得还不够，但已有一个好的开端，这是我们和其他单位的调查工作有所区别的地方。第二，一些从事理论和专题研究的所，去年的工作也是有成绩的，它们出版的专著、发表的论文、主编的期刊（包括英文版的院刊《中国社会科学》）在国内外都产生了广泛的影响，有的还得到国际学术界的重视。值得指出的是，去年有些专著是国内第一次阐述某一新学科的著作，有的则是一些崭露头角的中年科研人员撰写的，他们严谨的治学态度和创新的见解，博得了学术界的好评。有些青年研究人员发表的优秀论文也颇受瞩目。一些大部头的辞书，如历史大辞典以及一些学科的百科类书，还有些工具书如《政治经济学辞典》《现代汉语辞典增订本》以及多卷本的著作，去年也做了大量的工作。第三，由我们各所发起以及各所支持的各种学会、研究会去年召开了80次学术讨论会，有些所还搞了一些讲习活动（如社会学、计量经济学、法学），团结了国内广大的社会科学工作者，活跃了全国学术气氛，推动了各学科的研究活动，使我国社会科学界出现了新中国成立后从未有的生动、繁荣的局面。这些学会组织的学术讨论，如经济学方面关于社会主义社会生产目的，以及按劳分配原则的讨论，哲学方面关于能动性（指生产关系和上层建筑）、关于共产主义道德准则以及关于美学、美育的讨论，历史学方面关于历史发展动力、农民战争的讨论，文学方面关于现实主义、当代文学创作的讨论，以及考古所、民族所、外文所、新闻所组织的学术讨论会等，都是有成效的，对全国社会科学界有很大影响。当然我们也应当承认，学会、研究会的工作确实加重了各所的负担，今后应适当压缩、控制，但学会、研究会去年一年在科研方面确实发挥了重要的作用。在学风方面，一年来也有较明显的改变。现在，在理论联系实际，在为现实服务方面，比过去大有进步。许多老专家虽然年迈，仍然孜孜不倦。这一年来，饱食终日无所用心的人固然还有，但埋头苦干、刻苦钻研的人确实多起来了。许多担任科研组织工作和图书资料工作的同志都甘当无名英雄，勤勤恳恳为发展科研工作服务。总之，去年一年，社会科学院各学科的许多科研人员，在生活条件很艰苦、图书资料很缺乏的情况下做了大量的工作，做出了重要的贡献，这些都是应当肯定的，成绩是主要的。但是，我们决不能满足于既得的成就，我们所作的贡献，距离党和广大人民的要求还有很大的差距。关于存在差距的问题，首先是院领导的责任。由于思想政治工作薄弱，科研管理不善，生活条件很差，我们的科研人员的积极性还没有充分调动起来，否则我们肯定可以做出更多的贡献。这就是我们在估计去年科研工作成就时得出的一个重要的结论。

对外学术交流方面去年有很大的发展。去年出国78批、212人，接待来访123批、373人，比1979年有了很大的提高，同美国、日本、西欧的学术交流有了进一步的发展，打开了第三世界特别是东南亚的渠道，并且从一般友好往来转到学术交流方面。有些外国专家的意见，对我国的建设事业很有帮助。出版社在工作条件很艰苦的情况下，经过领导和群众通力合作、艰苦经营，去年出书707种，2053万字、刊物37种，7963册，3475万字、《经济研究参考资料》200期，2465万字，共约 8000 万字，也是很有成绩的。

这一年，我们很重视干部的培养工作，党委组织了《准则》和党章草案的学习，都有较大的收获。研究生院在十分困难的条件下坚持工作，做出了很大的成绩。规划联络局选派了几十名进修生和留学生，还在全国招考研究人员，罗致了一部分人才，不但给各所增添了新的血液，还为部分省、市社会科学院配备了一些迫切需要的研究人员。人事局主办的业余大学和研究生院办的外语训练班，也都得到好评。我院在这一年也开展了调查研究工作，包括科研局对各所情况的了解，规划联络局对全国各省、市社会科学院以及重点学会的了解，以及外事局对各国主要学术团体和官方科学机构的了解，都给党委和院部提供了重要的材料。我们还在调查研究的基础上建立了有关外事、人事、文书档案等制度，科研局起草的《研究所工作条例（草案）》正在试点中，人事局起草的《干部考核制度》正在征求意见中，规划联络局也制订了帮助学会活动和资助重点研究项目的条例，试行的结果是好的。在后勤工作方面，电话班、汽车队都是受到表扬的，医务所努力办好了体格检查、巡回医疗、预防和治疗等工作，食堂工作有改进，普遍比较满意，还希望他们更进一步。基建工作克服了大量的困难，新开工的工程比去年多，现在正在努力争取，以便今年能有几个宿舍楼开工。总之，我院各个直属机构去年一年做了许多工作，成绩是主要的。

这一年来，常委工作的主要缺点有四：一是对科研工作抓得不紧。开始有等待院务委员会成立的思想（院务委员会因各种因素一直未成立），后来又忙于事务，对有些所提出的科研方针问题和科研计划，没有认真进行集体研究。学习中央一、二号文件后，建立了院长办公会议制度，科研工作的领导已有了改进。二是对于宣传四项基本原则的文章虽有布置，但我们抓得不紧，收获不大。三是对党内外存在的资产阶级自由化的错误思潮缺乏调查研究，有些情况也不清楚，缺乏严肃对待精神。四是对改善职工工作条件和生活条件的问题，虽然是关心的，但抓得不够紧，又没有设法加强行政部门的思想政治工作，有些群众有意见的问题没有得到解决。上述问题，说明常委没有尽到职责，今后必须改进。

二　对学习中央一、二号文件的简要总结

常委会成立 11 个月以来，主要的一项工作就是组织关于中央今年一、二号文件的学习。这次学习一开始就确定了这样的指导思想，就是：肯定成绩，总结经验，分清是非，保证在政治上和中央保持一致。整个学习是在这个指导思想下进行的。常委会采取集中学习、逐层推开的做法，贯彻畅所欲言、三不主义的方针，通过联系思想和工作实际，开展批评和自我批评，以加强对十一届三中全会以来党的路线、方针和政策，包括一、二号文件提出的两大方针的理解，提高识别和抵制资产阶级自由化的错误思潮和"左"的错误思想的能力，使全院能团结一致，做好科研工作，当好党中央和国务院的助手。

总的说来，经过实践，证明了常委会的规定是正确的。同志们的学习态度是认真的，在学习中充分发扬了民主，大家畅所欲言，对常委和院的领导提出了许多宝贵的意见和建议。学习过程中，没有任何人挨整。经过学习，真正做到了思想有所提高，作风有所改进。常委提出的学习要求，基本上是实现

了。大多数同志认为：这次学习是三年来历次学习中较好的。这就为今后贯彻中央工作会议精神打下了良好的思想基础。但是这次学习也有缺点，主要是对一、二号文件的讲解、辅导比较差；常委扩大会本身虽然展开了批评和自我批评，一些不同意见摆了出来，但只是进行了初步的讨论，缺乏应有的深度。当然，有关思想认识问题，要在短时期内取得一致是很不容易的，今后还需要继续做工作。

经过这次学习，常委会认为过去对院内政治思想情况的估计是正确的。首先，院党委和常委是团结一致的，全院也是团结一致的。但是，全院也存在不利于安定的因素：少数单位在个别情况下，如在评职称、提拔干部时，仍有派性残余的表现。此外，少数部门由于本位主义和无政府主义，彼此之间互不团结，遇事没有商量余地，影响了正常的工作秩序。这些都是值得注意和警惕的。

其次，全院绝大多数同志是拥护和执行十一届三中全会以来党的路线、方针和政策的，是拥护和执行一、二号文件提出的在经济上实行进一步调整、在政治上实现进一步安定团结的方针的，也是坚持四项基本原则，在政治上和中央保持一致的。乔木同志是同意这个观点的，他说："社会科学院至少是绝大多数的所、绝大多数的同志，在政治上是能够跟中央保持一致的。"我院的工作实践证明了这一点。我们工作中的缺点不少，但政治上没有犯过什么重大的原则性错误，院党组和常委会在政治上始终是和中央保持一致的。这一点是主流，是必须肯定的。

上面是对我们今年春天学习中央一、二号文件的总的估计，下面想讨论我们贯彻执行中央一、二号文件提出的，在经济上实行进一步调整，在政治上实现进一步安定的方针的有关问题。因为我们是中国社会科学院，是理论战线的一个重要机关，我们比较着重讨论后一方面的问题，也就是关于坚持四项基本原则，政治上同中央保持一致的问题。社会科学院在研究和宣传四项基本原则方面是存在严重的缺点的。小平同志在中央工作会议的报告中指出："我们的宣传工作还存在严重缺点，主要是没有积极主动、理直气壮而又有说服力地宣传四项基本原则，对一些反对四项基本原则的严重错误思想没有进行有力的斗争。"参加学习的许多同志都认为小平同志的批评是完全正确的，在我们的工作中确实存在上述的严重缺点。中国社会科学院是中央和国务院领导下的一个社会科学研究机关，是以马克思主义为指导思想的研究机关，但在工作中竟出现了上述的严重缺点，这是我们必须认真对待，并且需要切实加以解决的重大问题。

为了改进我们的工作，常委会在学习文件的过程中分析了产生上述严重缺点的原因，认为虽然有一定的客观原因，但主要是常委会的领导软弱无力，也就是说，政治上不够敏锐，缺乏战斗性。这表现在以下三个方面：一是对宣传四项基本原则的重要性认识不足。小平同志早在 1979 年就强调提出了必须坚持四项基本原则的问题，但是我们对宣传四项基本原则的重要性以及资产阶级自由化的危险性都认识不足，体会不深。常委会成立将近一年，去年下半年，有关宣传四项基本原则的问题虽谈过，但没有认真讨论过。我们对中央的路线、方针和政策没有好好学习，许多传达都是照本宣科。二是我们一部分科研人员在宣传四项基本原则这个问题上存在混乱思想和不同意见，这一点常委会多少知道一些，但没有采取措施统一认识，没有认真从政治思想方面做好教育、引导的工作。三是我们的政治思想工作一般化，没有引导科研人员关心、重视四项基本原则的宣传工作。去年我们接受宣传任务后，作过部署，但没有认真组织力量，也没有给那些在研究和写作过程中遇到困难的同志从理论上、思想上给予具体的帮助，结果有一部分写作计划没有完成，已发表的文章数量不多（有五六十篇），质量不高，影响不大，没有一篇在社会上产生巨大的影响。这是和中国社会科学院的地位很不相称的。如果当时认真抓，情况肯定会好得多。这些说明常委会的认识落后于形势，缺乏战斗力，这是产生上述严重缺点的主要原因。

我们宣传四项基本原则的工作是遇到阻力的。乔木同志在这次学习开始的时候给我们指出了资产阶级自由化思潮的存在和它造成的危害，要求我们在研究工作中确立四项基本原则的指导地位。有个别同志对社会科学院内部是否存在资产阶级自由化的倾向表示怀疑，还有的同志表示这不是什么严重的问题，用不着大惊小怪。事实上，在学习过程中，同志们曾列举了一些具体的事例，证明了这种思潮确实存在。怀疑、抵制甚至反对四项基本原则的倾向，是当前理论界部分同志中存在的一种思潮，社会科学院也不可能例外。乔木同志说：社会上对社会科学院的工作、活动，大概是毁誉参半。所谓毁，主要是因为社会科学院有少数同志发表了一些不符合四项基本原则的、不负责任的意见和文章，产生了不良的社会影响。这种倾向在我们这里虽然只是支流，但削弱了正面的宣传，助长了思想混乱，而且使一些同志感受到压力，采取明哲保身的态度，这就构成了宣传四项基本原则的阻力。发表怀疑、抵制甚至反对四项基本原则言论的，除个别唯恐天下不乱的人外，绝大多数是认识问题。在历史发生伟大转折的时期，对一些重大问题有怀疑、有不同看法，是很自然的。例如，在提出必须坚持四项基本原则之后，有的同志就怀疑这种提法是否和十一届三中全会的路线和方针有矛盾；他们从"左"的方面或右的方面把十一届三中全会路线和坚持四项基本原则割裂开来、对立起来。有的同志由于我国的社会主义建设遭受过挫折，对我们现在走的社会主义道路产生怀疑，因而提出我国必须经过资本主义阶段或者国家资本主义阶段才能进入社会主义。这种看法显然还与他们教条地理解马克思主义有关。有的同志还由于毛泽东同志晚年犯过严重错误，因而对毛泽东思想产生怀疑，也有的同志认为提出坚持四项基本原则就会妨碍"双百"方针，就会影响学术自由。不管他本人的动机如何，这些混乱思想干扰、妨碍了我们的宣传工作。对表现了自由化倾向的言论，我们应当批评，但因为绝大多数是认识问题，我们一定要和风细雨，摆事实、讲道理，以理服人，而不是以势压人、大喊大叫，像现在有些同志做的那样。常委会工作的缺点就是在我们内部存在混乱思想和不同意见的时候，没有过细地进行批评和帮助。如果工作做得深入、细致一些，比如热情主动地找有错误的同志充分交换意见，或者组织有关的同志认真地展开理论的探讨，或者是有计划地组织一些同志到各地农村参观访问，呼吸新鲜空气，用亲眼看到的大好形势来教育他们，那么这些问题是不难解决的。常委会没有做到这一点，说明了我们思想工作做得不细，做得不好。

中国社会科学院绝大多数党员同志是坚持四项基本原则的，但有一部分同志对宣传四项基本原则不关心、不积极，这也削弱了四项基本原则的宣传。对中国社会科学院这样一个研究机关来说，这是很不正常的，因而是我们必须认真考虑的一个问题。中国社会科学院有许多研究机构，它们的研究对象不同，因而它们的研究任务以及它们与宣传四项基本原则的关系也不相同，我们不能一刀切，对它们提出同样的要求。有些学科，比如考古学、语言学，只要它们坚持马克思主义的指导原则，就是从不同的方面为国家现代化做出贡献，为提高我国的科学文化水平做出贡献，就是坚持了四项基本原则。另外一些学科，比如经济学、法学以及哲学、文学等，它们有一部分研究任务和政治现实、当前任务关系很密切，配合当前斗争，就是这些学科的任务之一，因此它们必须把宣传四项基本原则的任务担当起来。当然，就是这些学科，也不应当硬性规定全体科研人员都必须参加这一宣传工作。但是，在十一届三中全会后，上述这些学科的有些科研人员对四项基本原则的宣传表现出不关心、不积极的态度。他们当中，有的同志认为坚持四项基本原则是理所当然，用不着去宣传。有的认为自己是专业人员，宣传工作、写应景文章，不是他们的任务，会降低他们的身份。有的同志对研究洋的古的兴趣很大，认为写宣传四项基本原则的文章会妨碍他们的研究工作，是不务正业。有的同志则认为写宣传文章，要担政治风险。总之，他们对宣传四项基本原则不感兴趣，因而对反对四项基本原则的错误言论也不关心，自然更谈不上积极主动地去同各种错误言论进行斗争。这种态度和共产党员这个光荣称号是很不相称的。资产阶级自由化思潮反对四项基本原则，否认数十年来的革命实践，动摇了国家的基础，扰乱了党心、军心和民心，每个共产党员不管他处在什么岗位，都必须坚决地同这些错误思潮进行斗争，何况是理论战线的研究人员，怎么能够置若罔闻、袖手旁观？中国社会科学院出现这一情况，表明我们有些研究人员相当严重地脱离了实际，也说明我们的思想政治工作很薄弱。马克思说过："哲学把无产阶级当作自己的物质武器，同样地，无产阶级也把哲学当作自己的精神武器。"我们那些和实际有密切联系的学科，今后必须把宣传四项基本原则作为自己的一项战斗任务。这次在学习了小平同志的讲话之后，上述情况开始发生变化。最近，党委号召一些有关的研究所参加关于四项基本原则的宣传，得到了积极的响应。这一事实，进一步证实了我们过去工作中存在的严重缺点主要是领导的问题。今后要做好坚持四项基本原则的宣传，必须端正领导态度，加强领导责任，提高领导水平，以及善于根据科研人员的具体情况，做好思想政治工作。这就是我们从这次学习中得到的一个重要结论。

要加强党的领导，善于根据科研人员的具体情况，做好思想政治工作，党委会认为首先要着重抓两个问题：一是要明确解决坚持四项基本原则和百家争鸣、学术自由的关系问题，二是要强调必须严格遵守党的纪律，在政治上和中央保持一致的问题。先说第一个问题，坚持四项基本原则，这是党内政治生活准则中最根本的一条。四项基本原则反映全国人民的最高利益，因此清楚地写在党章和宪法上的，是每一个人都应当遵守和执行的。坚持四项基本原则和科研人员独立地进行科学研究，和百家争鸣、学术自由并不矛盾。党一直鼓励社会科学工作者在坚持四项基本原则的范围内对我国社会主义建设中各项理论问题进行实事求是的、建设性的探讨。我们现在正处在一个新的历史时期，面对着大量的新事物、新问题，要求社会科学家从理论上进行探索，找出规律做出解答。我们中国社会科学院应当负起这个责任，用马克思主义的基本原理来分析新情况，解决新问题，并以新的研究成果来丰富和发展马克思主义。我们的社会科学家不能老背着 19 世纪马克思说过的话，对当前大量涌现的新事物视而不见，使得本来最富有生气的科学变得教条。党的思想路线要我们坚持四项基本原则，同时要我们一切从实际出发，理论联系实际，实事求是。比方说，我们必须坚持社会主义道路，但如何建设社会主义，我们还在不断实践、不断总结经验的过程中。现在我们对社会主义发展的客观规律，还不能说已经完全认识了，我们在前进中还会遇到困难，这就要求社会科学研究工作者解放思想，刻苦钻研，认真探索，在理论和实践上为我国的社会主义现代化做出贡献。社会主义在前进，指导社会主义的理论也在不断前进，马克思主义由于我们不断的实践而得到丰富和发展。党的十一届三中全会以后，党中央一再强调在学术研究工作中必须贯彻执行百家争鸣的方针，必须保证学术讨论的充分自由。这是为了促进学术的繁荣，为了学术能更好地为社会主义现代化服务，这是完全符合党的思想路线的。百家争鸣、思想解放、学术自由，归根到底都必须反映、符合全国人民的最高利益，因此它和坚持四项基本原则是完全一致的。世上没有绝对的事物，百家争鸣、思想解放和学术自由都不是超越一切，丝毫不受限制的，它既要反对思想的僵化，又要反对否定四项基本原则的错误观点和错误思想。反对四项基本原则的言论，即使是以学术讨论的形式出现，它也不再是学术问题而成为政治问题。把百家争鸣的方针，把保证学术讨论有充分自由的政策同坚持四项基本原则对立起来是完全错误的。我们在开始学习中央一、二号文件时，有些同志存在一些混乱思想，主要就是由于他们对这两者的关系没有弄清楚造成的。

在这次学习中央一、二、七、九号文件过程中，在我们一些同志中间，除了存在上面提到的混乱思想以外，有的对坚持四项基本原则有不同的意见，有的则表现了资产阶级自由化的倾向，这些在历史上出现大转折的时期是难免的，是常有的现象。所有这些差不多都是思想认识问题，因此党委会一再强调对这些同志应采取慎重的态度，贯彻疏导的方针，坚持说理的方法。思想斗争和其他斗争不同，决不能采取粗暴的、强制的方法，只能用细致的、讲理的方法，要和风细雨，摆事实、讲道理，作同志式的批评，不要施加压力。我们常委会始终是采用这种方法，这是完全正确的。

还有一点应当说明的，就是涉及有关四项基本原则的一些理论问题和具体问题，同志们如果有不同的意见，有建设性的意见，是否可以在党内提出呢？根据党章的规定，同志们可以向党组织提出来，也可以在党内一定范围进行讨论，如果党组织不同意你的意见，你还可以保留你的意见，这是党员的权利，但是在党外公开对四项基本原则表示怀疑、抵制或者采取沉默的态度，那是十分不正常的，至于公开发表反对的言论更是党纪所不许可的。

同志们！党的十一届三中全会实现了我们党和国家历史上的伟大转折。我们的党从没有像现在这样的成熟，我们对中央的领导完全信赖，充满信心。中国社会科学院的每个党员，尤其是从事理论研究的党员，必须以他的实际行动，以他的研究成果来表明他是坚决贯彻党的十一届三中全会的路线、方针和政策的，是坚持四项基本原则的，是政治上始终和中央保持一致的。这就是党委会对我们每个党员提出的要求。

这里，我想强调一点。经过这次学习，有些同志中间存在的混乱思想和不同意见已大部分解除了，但是，在一些重大的问题上，在一些同志之间，可能还存在不同的意见，需要我们今后继续进行工作。但是，党委会要求这些同志必须严格遵守准则，在言论上、行动上必须按中央的方针政策办事，不能违反纪律，不能在政治上公开表现和中央不一致。当然，有不同意见在党内可以讨论，可以保留自己的意见，但不能违反准则，这是起码的要求。

上面讨论的是关于坚持四项基本原则，在政治上同中央保持一致的问题。现在谈一谈贯彻执行中央调整方针的问题。

在这次学习中，同志们一致拥护中央提出的在经济上实行进一步调整的方针，认为这是中央总结了我国30年来经济工作的经验教训，是唯一正确的指导方针。但是在联系到我们的实际情况，制订我们的事业规划的时候，我们内部就出现了分歧。有的同志认为科研事业同其他文教事业一样，是短线，尤其是社会科学研究工作更加落后，根本不存在调整的问题，必须继续发展；另一些同志则认为近几年我们事业的发展是不自量力，以致全院的工作条件、生活条件越来越差，今后应该后退，而且必须退够。经过反复讨论，最后意见才比较一致。党委会认为中国社会科学院也应该和其他文教单位一样，贯彻执行调整的方针，不调整，我们就不能发展、不能前进。

我国的社会科学事业，为适应社会主义现代化事业发展的需要，必须有一个大的发展。中国社会科学院今后应当拥有一支强大的科研队伍，应当实现本身的现代化，使之成为我国学科门类大体齐全的社会科学研究中心，为社会主义现代化事业、为配合国际斗争、为提高全民族的科学文化水平，为丰富和发展马列主义、毛泽东思想发挥更大的作用。这是确定无疑的。但是，由于当前主客观条件的限制，在今后几年内要求我们的事业和队伍有一个大的发展是不现实的。常委会认为我们必须从实际出发实事求是地来确定我们的调整方针。在今后几年内，应根据中央以调整为中心的八字方针，除重点学科在可能条件下适当发展外，要对我院各项工作进行必要的整顿，一方面要提高管理水平，依靠现有队伍，充分挖掘内部潜力；另一方面要切实抓好培养干部、充实图书资料、加快办公室和宿舍的建设，为今后事业的进一步发展准备必要的条件。新设学科、增加人员是一种发展，整顿内部、挖掘潜力也是一种发展，而且是更切实可靠的发展。几年来由于各种制度不健全，管理不善，赏罚不明，职工的积极性远远没有发挥出来。中国社会科学院是一个有巨大潜力的单位，如果把我们全部的科研、政工、行政人员的聪明才智充分调动起来，其结果就会等于增加了一倍、两倍或更多的人员，而且不需要增加编制、增加办公室和宿舍。由于提高了效率，挖掘了潜力，也就必然会多出成果，早出人才。人才是发展的关键，早出人才就为今后进一步的发展准备好业务骨干，而这正是今后的大发展所迫切需要的。总之，认真贯彻调整方针，是为了更好地前进，是为今后社会科学事业的健康发展从组织上、物质上、业务上打下扎扎实实的基础。

调整是件大事，应兴应革的事情很多，困难重重，任务十分艰巨。经过这次学习，我们内部对调整问题的看法确实前进了一大步，比较一致了，但涉及一些具体问题，实际上仍然存在分歧，今后还得做艰巨的思想工作。现在有些同志、有些单位原则上赞成调整，但一碰到本单位的实际问题就向上伸手，忘记了调整方针。当然，有些确实需要增加编制、经费的，他们提出要求是正当的，不能一刀切，但是也有一些单位，他们提出的要求，至少在目前是不适合实际情况的。要贯彻调整方针，首先，必须提倡整体观点、全局观点，要解决好全局与局部的关系，小局要服从大局。如大家都强调局部的需要，就无法做好调整的工作。其次，要贯彻调整方针，还要强调集中统一，要服从纪律，要反对无政府主义，要在组织上保证调整方针的贯彻执行。搞好调整，很不容易。特别是像中国社会科学院这样一个各方面的条件都十分困难的单位，缺人、缺房子、缺图书资料和其他物资，要整顿确实很困难。因此，要做大量的思想工作，真正解放思想，摆脱多年来"左"的错误方针的束缚，要老老实实、从实际出发，要顾全大局（包括全院的大局和全国的大局），要做到集中统一，加强纪律，在中央的调整方针指导下把大家的思想和活动统一起来。为了做好调整、改革的工作，党委会根据我院的实际情况，提出了十项要求，它涉及的范围很广，几乎对每一个单位、每一个同志都有影响，它指出了进行调整的必要性，又说明我们将怎样调整，要采取什么措施。这次党委通过认真地讨论，已经就调整问题做出决定。这个决定的相关内容资料，会后将发给全体党员，现在为了节省时间，我只谈一些要点，并且是和下半年的重要工作结合来谈。党委会希望全体党员同志在今后两三年或更长一些的时间内，同心同德，团结一致，完成我们的调整工作，使我们的社会科学事业今后能在可靠的基础上稳步发展，为社会主义现代化事业做出更多更好的贡献。

三　1981 年下半年的主要工作

常委会根据今春由各单位领导同志参加的常委扩大会学习、讨论中央文件时提出的意见，草拟了三份意见书。除上面提到的《关于我院贯彻党的调整方针的几项决定》外，还有《关于改善我院科研领导的几点意见》和《关于改进和加强我院思想政治工作的意见》，这三份意见书实际上是一个整体，而后面两份意见都包括了今年下半年的工作计划要点。

现在，我代表党委会把今年下半年着重要抓的五项工作向全体同志作一汇报。

（一）在科研工作方面，主要精神就是搞好四项基本原则的宣传，同时要通过抓重点项目，抓科研动态，抓评选科研成果，把科研工作搞上去。常委会为改善科研工作的领导，在院务委员会建立前，已开始实行集体领导和分工负责相结合的制度，院长办公会议每月召开一次，已开过两次，批准了各所提出的今年的科研计划，并将在各所计划的基础上，确定全院着重要抓的若干重点项目。院长办公会议还要解决一些所的方针、任务问题。这里想着重强调抓好科研计划这项工作，这是加强领导和改善科研管理的一项重要措施。乔木同志很强调这个问题。我们一定要做好计划工作，争取尽快地把中国社会科学院办成一个一切按照计划来进行工作的组织，从上到下各个方面都要有计划，这个计划还要接受定期的检查，还要得到各种制度的保证。我院在科研工作方面，主要是抓好重点的科研项目。这些重点科研项目一部分是从各个所的重点科研项目中挑选出来，一部分是根据中央的指示和意图以及客观的需要由院提出来的。重点项目确定之后，院领导要经常关心、检查并给予帮助。要力争重点项目是一些占有大量材料的、进行了严格探索的、有创见的学术成果。要把重点项目作为我们的拳头，让它代表国家的最高水平，为国争光，同时又带动我们整个研究工作。我们不能妄自菲薄。我们在一些科学领域里是具有全世界公认的高水平的，虽然在多数领域里，在研究的范围、课题、资料、手段和研究方法上，我们还比较落后，要赶上去还要艰苦地努力。

下半年，科研工作还要抓好以下三件事：一是组织有关的所撰写一批阐述四项基本原则的论文或专著，争取"七一""十一"前写出。这是一项重要任务，也是一项长期的任务，目前这一批是为配合即将发表的党的历史问题的决议的。希望有关的所要组织力量，反复讨论修改文稿，保证在规定的时间内拿出他们所能达到的高质量的文章。为了完成这项迫切任务，即使影响别的科研工作，也不要紧。二是为了了解社会科学界动向，加强对科研工作的领导，要经常地开展首先是院内其次是院外的学术界动态的调查研究工作，及时报道各学科及其代表性人物在研究工作中出现的新情况、新问题、新线索，为此有必要采取一些具体措施，包括建立报告制度、出版内部刊物等。三是为了提高研究工作的质量和科研人员的积极性，今先在一部分所实行研究成果的评定工作，如果所有的所都对它们的研究成果加以评定，那就更好。评定是干部考核的一项重要内容，应当一年评一次，至少是两年评一次。我们还打算，在各所评定的基础上，明年由院务委员会评选全院的甚至可以考虑评选全国的优秀成果，给作者以精神的和物质的鼓励。成果不拘形式，它可以是著作，也可以是单篇的论文，可以是资料的校、考、诠、注和编辑，也可以是调查报告（内部的和公开的）以及重要译著。有的同志认为评选工作很不好办，因为不容易规定质量的标准，但是无论如何客观上总存在公认的标准。搞好评选工作确实不容易，但应当克服困难，把它搞起来。评定和奖励优秀科研成果，可以鞭策和激励科研人员，从而可以提高我们的科研水平。应当让优秀的科研人员得到表扬，得到他应得的荣誉。全国各个方面的评奖工作正搞得热火朝天，为什么社会科学领域却无所作为呢？乔木同志在去年就提出这个问题，可是我们有畏难情绪，一直没有实行，这是我们应当检讨的。刚才说的是科研成果的评定。其他方面，例如一心一意帮助科研人员的导师和所、室负责人，埋头为科研工作服务的科研组织干部和政治工作干部，做好后勤工作的行政管理人员，也一样应该进行评选，给予必要的奖励。

（二）在调整工作方面，常委会下半年要抓好五项工作，总的精神是采取各项积极措施，充分挖掘潜力，多出成果早出人才，同时为今后几年内的发展准备各种必要的条件。五项工作就是：

第一，扩大所的自主权的条例草案，试点单位要总结经验，加以修改，然后征求各所局的意见，修改定案。明年起在各所实行。据说试点工作最近有点放松，希望他们能认真当好先行，试出结果来。

第二，要实行领导班子年轻化，调整所、室两级的领导班子，加强集体领导，把一些既有专业知识又有政治觉悟和组织工作能力的，年龄在四五十岁的中年科研人员和干部吸收到所（局）、室（处）两级领导班子中来，其中有些同志可以工作一段时间后再确定名义。

实行领导班子年轻化，是一个长远的战略性关键性问题。社科院院一级的领导同志平均年龄 70 岁，所、局一级的平均年龄是 62 岁，实现领导班子年轻化是当务之急。去年我们虽然提出这个问题，也多少采取了一些措施，但步子迈得不大。忽视甚至妨碍这一工作的主要原因是政治工作和干部选拔工作中，长期存在的"左"的观点和论资排辈的封建偏见。有些同志常常是静止地、片面地、孤立地看待干部，而且要求"人要完人"，这些都是行而上学的观点，非破除不可。要创造条件，让那些基本上是德才兼备的中青年干部在实践中积累经验，增加才干，加上老干部的传帮带，他们可以很快地成长起来。

此外，还要确定所（局）、室（处）的职责权限，建立责任制度。责任制度要根据各单位和各种工作人员的不同情况，分别制定。有些领导干部的责任比较难定，但也不是没有办法，研究生院决定领导同志记工作日记，定期评比检查，接受监督。我看这是一种好办法，可以考虑试行。年老体弱的学者和行政负责人，要逐步使他们从繁重的日常工作中摆脱出来，专心抓科研，抓培养干部，搞好传帮带。

第三，成立编制委员会。各单位要确定编制人数，非经编制委员会同意，不能增加人。两三年内，非特殊需要不调进政工和行政人员；凡有需要的，可在院内调剂解决。

第四，为了表扬先进，提高工作效率，贯彻执行按劳取酬的原则，全院各个部门都要建立考核制度。院人事局已经起草了一个考核条例，在全院广泛征求意见并在个别单位试点取得经验后，从明年起开始实行。现在这里只谈科研部门的考核工作。试点单位首先要统计一下从 1979 年全院宣布工作重心转移到科研以后，两年来每个科研人员做了哪些工作，取得了什么成果。成果不限于公开发表的文章，还包括上级交办的任务，如起草文件、调查研究等，也包括为科研项目进行准备的工作。其次是每个科研人员，要根据本所的要求或是本人自己提出同时得到所领导同意的研究课题，确定自己承担的任务，这既要有量的要求，又要有质的要求，还要规定进度。另外，每年定期公布各科研人员完成计划的情况。建立学术档案，作为今后实行奖惩、晋升或降级的主要依据。同时，年终进行评比，根据每人科研计划的执行情况，分别按按劳取酬的原则确定他们的待遇。我们决不能容忍在正常情况下连年不完成计划的现象，更不能容忍拿公家工资干私活或只拿工资不干活的现象。根据初步的统计，各所科研人员大多数是努力搞科研工作或是比较努力搞科研工作的，但有 1/5 左右（有的所多一些）的人或年老体衰，或不适宜干科研工作，醉心揽外活或死心不干活的只是极少数。对第一种人要安排好退休、离休工作，对第二种人要用其所长在内部调动或安排到外单位工作，对第三种人要根据他们今后的表现分别根据按劳取酬的原则加以处理。有的同志建议对合格的科研人员采用按年度给聘书，或是订合同的办法，我们认为可以考虑，由试行单位作进一步的研究。各所经过分别处理之后，余下来的编制归各所使用。在我们还没有经验，也没有别的单位的成功经验可以借鉴，以及国家还没有做出统一规定的情况下，处理这样的问题的确会遇到不少的困难。但是只要我们下决心，采取稳妥的步骤，同时取得大多数科研人员的支持，我们还是可以走出一条路来。社会科学院应当在这一方面开一个头，把它办成一个有效率的、适合目的的、为现代化而奋斗的科研机构。这不仅是我们自身的需要，而且还有远远超出本单位以外的重大意义。以上是对各所说的，其他部门从明年起也同样应当实行考核制度。今年下半年在考核条例草案公布后都要做好准备工作。

第五，要积极培训业务人员，包括继续办好研究生院，轮训在职干部，要根据发展需要（如建立新的学科）有计划地派遣出国研究生和进修生，请老专家带助手，办好业余大学和外语学习班，以提高在职人员的业务水平和文化水平。此外，还要调整刊物，调整和我们挂靠的各种学会、研究会，让我们的研究人员能集中精力搞好科研工作。

另外，图书资料工作十分重要，我们已经抓迟，现在必须做起。下半年要成立图书资料中心筹备小组，负责提出建设该中心的蓝图，为今后的基本建设、搜罗图书资料以及培养有关人员做好准备。

（三）在思想政治工作方面，从下半年起，全院面临大量的、艰巨的工作。这就要求进一步加强党的领导，做好思想政治工作。这几年来我们的思想政治工作是落后于形势的，过去长期惯用的"左"的一套还没有完全纠正过来。思想工作要做好，要有针对性，要摸索出一套在知识分子和科研人员中交朋友做工作的经验。按计划，下半年要着重抓四项基本原则的教育；批判、纠正"左"的错误和右的倾向；要认真克服在发展目标、发展规划、发展速度和管理体制方面存在的"左"的影响，搞好调整工作。要抓思想建设，包括抽调处以上的党政干部分批轮流学习。要注意抓典型，要旗帜鲜明地表扬好的，批评坏的，同一切不良现象进行斗争。要加强组织纪律性，强调党员的党性训练、组织观念和模范带头作用。要提倡大公无私、刻苦钻研的精神，反对不守纪律、追名逐利的恶劣风气。要切实落实党对知识分子的政策，做好非党员知识分子和老专家的工作，要做好在他们中间发展党员的工作。

（四）在行政工作方面，要加强对基建工作和行政管理工作的领导，特别是思想上的领导。行政工作者要甘心当好后勤，尽量让科研工作者没有后顾之忧。要表扬先进，批评后进，树立典型。电话班搞得好，就应当表扬，汽车队也管理得不错，足见行政工作是可以搞得好的。基建工作要发挥两个积极性，狠抓科研楼，特别是宿舍的建设。要采取领导和群众相结合的办法来做好住房分配工作和集体福利工作。凡是有条件搞企业化管理的，要逐步实行企业化管理。

（五）最后，预定今年要召开全国规划会议，以确定全国社会科学研究规划和领导体制问题。为解决社会科学研究事业的一些根本性的问题，常委会认为从现在起，必须成立一个临时机构，集中精力，经过调查研究，系统地、深入地针对若干关键问题，提出我们的建议，并为此起草一个向中央汇报的提纲，争取早日得到中央的指示。

以上是党委会决定的今年下半年要做的几项重要工作，工作是大量的，任务是很艰巨的。有些工作下半年只能试点，但非试点单位也要积极配合，做好准备工作。党委会这些决定能否实现，会不会成为大话空话，那就要看我们是否有勇气、有决心、有步骤地干下去。党委会要求各党委、各总支、各支部认真讨论，逐项落实，讨论结果向党委做出书面汇报。

从今年下半年起，为了贯彻执行去年冬天中央工作会议所决定的两大方针，我们全院必须进行大量的工作，任务是十分繁重、艰巨的。党委会相信，经过这一次的学习，全体党员同志的思想已有所提高，作风已有所改进，只要每个同志都以主人翁的姿态埋头苦干，争当勇士，争当实干家，既认真做好本职工作，又加强和群众的联系，那么，我们就可以同群众一道，同心同德，扎扎实实，贯彻执行中央决定的两大方针，完成党委会提出的各项重要任务，把中国社会科学院的工作大大推进一步，更好地当好党中央和国务院的助手，为社会主义现代化事业做出更大的贡献。

坚持四项基本原则
做好调整整顿

——在中国社会科学院党委第三次全体会议
（扩大）上的报告（摘要）
（1981 年 11 月 4 日）

我院党委于 9 月 10 日、9 月 16 日召开了两次常委扩大会议，学习了中央（1981）三十号文件和中央领导同志 9 月 3 日同中直、国家机关两个临时党委负责人的重要讲话。在领会文件精神的基础上，又陆续召开了三次常委生活会议，对我院党委领导存在的涣散、软弱状况进行了检查，许多同志作了认真的自我批评，有的同志还提出诚恳而又尖锐的批评，这就提高了认识，为今后我院在一些重要问题上进一步统一认识打下了基础。

在常委学习讨论中，我们一致认为，中央思想战线座谈会开得及时，开得好。中央领导同志对当前思想战线的状况的估计是完全正确的，抓住了问题的要害。中国社会科学院的情况也不例外。大家认为，院党委和所属单位的党组织，对党的十一届三中全会的方针、政策、路线是拥护的，在实际工作中也是努力贯彻的。两年来，我院绝大多数科研人员在社会科学研究领域，是坚持了四项基本原则的，在政治上也能自觉地同中央保持一致。但是，另一方面，社会上怀疑和偏离四项基本原则的言行和自由化的倾向，在院内是有反映的，而且有一些甚至是从院内散布出去的。党委对这种情况虽有所察觉，但对它的危害性认识不足，因此在前一段时间，确实存在着斗争不力和涣散软弱的毛病。这主要表现在以下四个方面。

一　对社会科学研究领域的思想动向和资产阶级自由化在我院的表现很少研究，坚持马克思主义的方向还不够得力

我院是我国社会科学研究队伍中一支重要的方面军。要领导和建设好这支马克思主义的密切联系实际的理论队伍来研究和发展马克思主义的社会科学，作为院的党委，就必须了解社会科学领域的思想和学术动向。但是近两年来，我们对这方面的情况缺乏系统的了解，研究更不够，甚至对我院科研队伍的思想情况的掌握，也是若明若暗，直到现在也不全面。但有一点是可以肯定的，极少数科研人员（多半是党员）所表现的自由化倾向是严重的。下面举几个例子。

有人怀疑马克思主义对社会科学的指导作用，提出要在所谓正确思想指导下进行科学研究；有人认为杜林批错了，恩格斯提出的思维对存在、精神对自然界的关系是哲学的基本问题的论点已不适用了；还有人否认把哲学分为唯物和唯心两大阵营的必要性，认为在哲学史上唯心主义作用更大、更丰富，等等。

其中，有的同志还认为我国现阶段应该是搞新民主主义，而不应该搞社会主义。他们认为，从 1956 年三大改造完成，

到"四人帮"被粉碎的 20 年间,一条"左"倾路线不断在我们党内出现,纠正了,又出现,再纠正,再出现,原因皆出于此。他们认为现阶段我国的社会性质,实质上是新民主主义社会。因此,当前想要对经济进行调整和改革并取得成功,必须以新民主主义过渡学说作为现阶段我国革命和建设的基本指导思想。

还有的同志主张文学艺术方面的问题应该由文学艺术界自由讨论,"文艺界的领导自己管得了",党不要去干涉。

这些思想倾向,有的完全偏离了四项基本原则,本身就是资产阶级自由化思潮的一种表现。经过帮助,有些同志已认识到错误。但从党委本身来检查,由于我们对这些情况了解得很不够,很不及时,因此结合社会思潮来加以分析研究,并给予批评和引导就更不够了。这就使我们不仅在院内不能更好地坚持马克思主义的领导,而且也使我院在同社会上脱离四项基本原则的自由化倾向的斗争中显得软弱无力。

二　对不正确的思想,没有在适当的 范围内进行积极的批评或斗争

在讨论中,大多数同志认为,自 1979 年 3 月小平同志在理论工作务虚会上强调四项基本原则以后,当时我院一些同志有的不理解,有的表示怀疑,有的甚至抱抵触的态度。他们把四项基本原则同解放思想对立起来,把在政治上同中央保持一致和贯彻党的"双百"方针对立起来,认为坚持四项基本原则就会妨碍解放思想,强调同中央在政治上保持一致就会影响"双百"方针的贯彻,影响学术问题的深入讨论。

有的甚至说科学研究无禁区，而四项基本原则是最大的禁区，要敢于摆脱四项基本原则的束缚；有些同志认为四项基本原则弄不好会变成四条棍子。个别人甚至公开撰文恶毒辱骂毛主席。

1979 年和 1980 年，乔木和力群同志在原党组的范围内和我院第一次党代会上，都阐述了正确地贯彻思想解放的方针，并对自由化倾向进行过严肃的批评。今年年初，党委认真组织了中央一、二号文件的学习，绝大多数科研人员，包括有些原来担心坚持四项基本原则会妨碍继续解放思想的同志，认识都有了明显的提高。经过最近学习了三十号文件，又有了较大的进步。但是，检讨起来，在学习三十号文件以前，由于思想工作一般化，不细致，不深入，没有在适当的范围内采取讨论、批评、说理的方法，有针对性地引导、帮助少数认识上有错误的同志逐步改变看法、统一到中央精神上来，这是一个严重的缺点。因而有的同志虽然在言行上注意了，但是思想上并没有解决；有的对反对自由化倾向的必要性仍然认识不够，认为当前主要问题是反"左"；个别同志甚至在一些重大的政治问题上还是不能自觉地同中央保持一致。

三　对学术交流活动缺乏有力的领导和必要的管理制度

两年多来，社会科学各学科的全国性学会、研究会在团结全国社会科学工作者，推动学术研究和交流方面都起了积极的作用，它们成为党在思想战线和理论战线的重要阵地。过去由于我们对和我院有密切关系的学会、研究会（约占全国性学会总数的 1/3）的活动重视不够、领导不力，使一些有自由化倾向的人，利用学会、研究会的各种活动，传播了他们的错误观点而没有受到应有的批评，实际上对社会上的自由化思潮起了推波助澜的作用。

近几年来，对外学术交流也有很大的发展，起了积极的作用。但是在国际交往中，由于我们对资产阶级思想侵蚀的危险性重视不够，也出了不少问题。首先表现在对西方学者通过讲学宣扬资本主义的东西，甚至进行特务、情报活动，缺乏应有的警惕。其次是有些同志崇洋思想有所滋长。有的为了达到出国访问的目的，或者为了自己的子女谋取出国留学的机会，不惜托人，走后门，无视外事纪律，不顾政治影响。另外，个别研究人员在国外进修期间，竟然对中央的方针妄加评论，造成了很坏的政治影响。

四　机关内部思想政治工作薄弱，组织纪律观念淡薄

我院目前思想政治工作的状况，同我们是以马克思主义为指导思想的研究机关以及同党所要求的加强科研工作的思想政治领导都很不相称。少数党委或支部的工作十分薄弱，有些党员不参加小组会，不阅读党的文件，连重要的政治传达会也不参加。有些同志精神不振，松松垮垮，工作不负责任。有些同志纪律松弛，闹派性，搞本位主义和无政府主义。还有些同志个人主义思想抬头，追名逐利，学风不正。在工作中，有的置计划内的集体研究项目于不顾，而热衷于搞自己的写作。有的几年完不成科研项目，而对晋级或评职称等事情，手伸得很长。此外还存在搞关

系，送人情，搞不正之风的情况。在院部机关竟有人利用职权，私分录音机和推销手表赚取佣金。个别人员还有流氓、盗窃行为。虽然这些情况发生在少数同志身上，其原因也是多方面的，但是这与党委的思想政治工作薄弱，一些支部没有发挥战斗堡垒作用，一些党员没有发挥表率作用，以及对一些违反纪律的现象缺乏果断有力的措施是有直接关系的。

从我院党委常委来说，它基本上是一个努力贯彻执行党的方针政策、作风正派、兢兢业业为党工作的班子。但是为什么存在涣散软弱的毛病呢？

大家认为，全院思想领导软弱、涣散的第一个原因在于常委内部对当前思想战线的现状的认识不够一致。今年年初，乔木同志在全院学习中央一、二号文件时，曾在党委常委扩大会议上指出，中国社会科学院对社会上的自由化思潮，不仅斗争不力，而且少数同志还掺了一脚。大多数同志认为乔木同志的批评完全符合实际，切中了要害。但是也有的同志认为乔木同志把思想战线上的问题估计得过于严重，至少在理论界不那么符合实际，乔木同志讲的不少与事实有很大的出入。由于常委没有及时解决内部认识上的不一致，就必然削弱了它对思想政治工作的领导。

并且，常委对调整方针的认识也不够一致。今年年初，在学习讨论中央一、二号文件时，多数同志认为，根据目前国家的经济情况和我院的实际情况，在今后两三年内，应该贯彻党的以调整为中心的"八字方针"，在近期内一般不再求数量上的发展，重点抓内部的调整和整顿，充分挖掘潜在力量，通过在方针上、组织上、科研工作上的调整和整顿，为今后科研事业的发展打下一个扎扎实实的基础。但是有的同志认为，社会科学是短线中的短线，对我院来说不存在调整的问题，而是继续发展的问题。这种看法上的分歧，也影响到调整工作的落实。

党委常委领导涣散、软弱的第二个原因在于领导力量比较分散。我院共有正副院长、党委常委、副秘书长 18 人。由于有的同志院外兼职很多，有的主要担负着院里一个方面的工作，主持院里日常工作的担子就落到四位党委书记身上。而这四位书记中，有的兼有其他部门的工作，有的出国和外事活动的任务很重，因此领导核心很不健全，已建立的会议制度如院长办公会议、书记办公会议、党委常委会议有时很难坚持。其结果是：对中央重要的指示，在常委内部结合院的实际来学习和贯彻得很不够；对院里的一些重大问题，进行深入讨论，然后做出符合实际情况的决策也很不够；有时虽然也做出了正确的决定，但是因有的同志对党委的决定没有认真对待，也不能得到很好的贯彻。此外，党政不分，也相当严重地影响了业务工作的领导。

党委常委领导涣散、软弱的第三个原因在于没有很好地开展批评与自我批评。常委不少同志对批评有顾虑，担心批评会影响一些同志的情绪，怕伤了和气，影响了团结。还怕因自己的水平不高，问题拿不准，说错了话，尤其是经过十年动乱以后，知识分子对开展思想斗争很敏感，怕批评不当，挫伤了大家的积极性，未能积极地、正确地运用批评与自我批评的武器，就不可能克服离开党的正确原则的各种错误思想，纠正不守纪律、不负责任和拖拉作风。此外，对下级党委，表扬和批评都不够，平时不是严格要求，敢于领导，而是满足一般化的布置和检查。对一些违反纪律的问题抓得不紧，处理得不及时。

在常委扩大会议上，除个别同志外，主要领导同志对院的领导涣散、软弱的状况都作了自我批评。有的同志还对生活和思想作风方面的问题作了检查和说明。常委之间也展开了相互间的批评，对有的重大问题也坦率地交换了看法和意见。这些都有进步，但还没有真正做到知无不言言无不尽，这是需要今后继续努力的。

党委常委认为中国社会科学院的科研人员绝大多数是好的或比较好的。当前的主要任务是建立、健全院所两级的坚强而又精干的领导班子，振作精神，加强科研领导，带出一支马克思主义的社会科学研究队伍。为了克服目前领导上涣散、软弱的状况，常委会拟采取如下措施：

（一）加强党委的集体领导

为保证党委的集体领导，首先要坚持现有的会议制度。要求书记要有一半以上的时间主持工作和参加会议。其次，党委常委会要认真学习中央的方针、政策，并结合院的实际研究新的情况，特别是社会科学领域出现的思想、学术动向的新情况，解决工作中的问题。另外，要在充分发扬民主的基础上，严格按照民主集中制的原则办事。集体讨论做出的决定，每个同志都要自觉执行。

各所领导班子的问题，常委会拟根据今年5月院党委第二次全体会议讨论通过的《关于贯彻党的调整方针的几项决定》，结合中央最近关于提拔中青年干部的指示精神，有步骤地予以调整和加强。

（二）坚持马克思主义的领导

坚持马克思主义的领导是保证社会科学研究健康繁荣的关键。为了保证科研工作能沿着正确方向发展，党委必须了解各学科的研究动向。今后党委和院长办公会议，要把加强学术研究工作的思想领导、切实贯彻"双百"方针，作为自己最重要的一项任务。

　　为了帮助党委了解各学科学术思想动向，院里要定期组织汇报，包括各所定期提交本学科思想动向和研究动态的书面汇报。科研局要执行今年 5 月决议，克服困难，在年内至迟明年初着手编印《学术动态》，重要的情况要及时向中央汇报。

（三）要依照质量第一和精简的精神对刊物和学术活动加强管理

　　在今明两年内，应根据今年 5 月党委会第二次全体会议通过的决定，对刊物认真进行整顿。一两年内一般不再增办新的刊物。对现有的刊物，凡是编审力量较弱、内容重复、质量不高的坚决停办。续办的刊物要充实力量，切实办好。各所主办的学术讨论会应当注重质量，出优秀成果，为此要加强领导和管理。今后各所必须于年初提出全年需要召开的学术会议的统一计划（包括会议的内容、讨论课题、人数和开支计划等）报院审批；会议的主要报告和准备印发的主要文件，须经所党委审定，报院部备案；会上散发的论文，必须由会议筹备单位审定；重要的讨论会会后要向院部做出书面报告。我院各所今后一两年内一般不再成立新的群众性的学术团体，应着重办好有密切关系的学会、研究会，加强对它们的指导。

（四）关于对外学术交流工作，准备在近期内召开专门的会议，进行研究和总结，以加强党对对外学术交流活动的领导和管理

（五）加强思想政治工作和纪律检查工作

　　要加强领导，并抽调得力的干部，加强思想政治工作和纪律检查工作。对研究机关来说，思想政治领导和业务领导是紧密结合的。要切实克服目前思想政治工作老一套、一般化的毛病，认真总结经验，创造出一套在科研人员中间开展思想政治工作的有效办法。党员要在各自岗位上振作精神，从自己做起，从现在做起，发挥表率作用。各所党委要成立纪检小组，教育党员带头遵纪守法，执行制度，抵制各种歪风邪气。要大张旗鼓地表扬先进人物、先进事迹，坏的要批评，违反纪律的要严肃处置。

（六）建立党委生活制度

党委常委会所有成员，除参加所在单位的党小组组织生活以外，每半年要集中过一次组织生活，检查党的路线、方针、政策和党的决议、准则的贯彻情况，交流思想，开展批评与自我批评，改进党风，增进团结，搞好工作。

做好机构改革　当好党的助手

——在各研究所所长、党组书记联席会上的讲话

（1982 年 7 月 15 日）

　　马洪同志代表院党组对下半年的科研工作提出了一些要求和意见，这些要求和意见都很重要。我们作为一个科研单位，科研工作是我们的中心，我希望大家认真地抓一下上半年科研工作的检查和总结。

　　今天我想谈的是下半年的工作安排问题。这是从另一个方面补充马洪同志提出的那些要求的。

　　中央领导同志曾有这样一个意见，就是在机构改革告一段落后，要做一个总结，同时布置下一步的工作。院党组根据这个指示精神，认真地进行了讨论，但是还没有最后决定，想听听大家的意见。以后凡涉及全院的重大问题，我们都要跟大家通通气，听听大家的意见。

　　目前院的机构改革，院、所这两级领导班子的调整工作已经基本完成，但是整个院的机构改革还有大量工作要进行：要"三定"；要安排老同志离休、退休；要分批轮训干部。因此，我们还不能松劲，要使这项工作善始善终地做好。这次我院的机构改革工作，到现在为止，应该说比较顺利，比较快。看来

我们过去对困难估计得高了一些。新班子比老班子，确实是年轻化了，我们院、所领导班子是符合中央关于机构改革所提出的要求的。当然，说比较顺利，不等于没有一点儿阻力。比如有的同志向党伸手，增加了一些障碍，但是为数很少。从各所情况来看，并非完全一样，也有不平衡。新的班子也并非尽善尽美，有些问题，今后还要逐步调整。但总的来说，群众对绝大多数新的领导班子是满意的。

我们院、所两级领导班子的改革之所以能比较顺利地完成，总结起来，有以下几条。

第一，思想政治工作比较深入。首先是党中央的思想动员工作做得深入。中央领导同志亲自抓这个问题，作了一系列的重要指示，特别是小平同志关于机构改革的重要讲话，解决了我们思想上的许多问题，这也说明中央关于机构改革和精减人员的决定反映了广大群众的心愿。如果没有党中央的一系列重要指示，没有党中央的深入的思想动员工作，我们院的机构改革工作就不可能这么顺利。

第二，院的领导，首先是乔木同志、力群同志的决心大。原来的院长、副院长除马洪同志外，年龄已经过线的，全部退居二线，这是下了很大的决心的。在研究新的领导班子的时候，也不是没有反对意见，也不是没有争议。相当多的老专家对现在的安排是有些想法、有些意见的，这些意见也有它一定的道理。但是为了使院的领导班子符合中央的革命化、专业化、知识化、年轻化的要求，在乔木、力群同志的支持下，原党委常委下决心力排众议，在讨论这个问题时定了一条：不怕骂，不怕告状，该做什么还是做什么，该调整的还是调整。年轻的同志可能有这样那样的缺点，但人无完人，该提的还是要提，决心把担子交给他们去挑；不合适的，该调整的坚决调整。否则，这场革命就无法进行。

第三，走群众路线。这次机构改革，从院到所，不是少数人关门定的，而是上上下下，党内党外，多方面地征求了意见，集中了大家的智慧。所以调整方案比较符合实际，群众也比较满意。拿调整领导班子来说，各所普遍搞了民意测验。这很有好处，对于院党组下决心起了很好的作用。从民意测验的情况看来，也反映出了我院绝大多数同志是从党的利益出发的，对干部是有很高的鉴别能力的。他们拥护机构改革，真心实意要把我院的改革搞好。有一些同志，对于某一个领导人有些意见，但还是实事求是地投了他的票。这些事情使人很感动。现在我们已经定下的领导班子，总的来讲，与民意测验的结果基本上是一致的。各所在决定所内室、处负责人的时候，建议你们尽可能听取大家的意见，不只要听本室同志的意见，别的室同志的意见也要听，多听取大家的意见。兼听则明，对于我们选好室、处干部有帮助。

第四，老干部在这次机构改革中，起了很好的作用。在院、所两级退居二线或者离、退休的老同志中，绝大多数是表现得很好的。他们按照组织决定，自觉自愿地退出领导岗位，到二线或者离、退休，让年轻的同志起来挑担子。老实讲，如果不这样，年轻的同志是起不来的。有部分老干部、老同志对离退休不仅欣然接受，而且提出，离退休后还要在新的岗位上坚持为党工作，为党的四化事业添砖加瓦。这种精神值得我们全院同志学习。尤其是现在在各级领导岗位上的同志，更要学习老同志的这些好的品德和革命精神，努力做好工作，不辜负党的期望。

以上提出的这几点，既是我们前一段机构改革的主要经验，也是各所在后一段的机构改革中需要继续坚持的。我们还有大量的工作在后头，还要继续抓下去。马洪同志已经讲了，希望机构改革工作在七八月份完成。我们想，一些重大的工作能在今年 8 月份完成，以后的四个月就能够集中主要精力，搞十二大的学习、宣传，搞业务，搞科研，以及其他方面的工作，使我们院的各项工作有一个新的起色。

下一阶段要做的几件事情是：

第一，要把室、处级干部定下来。室主任、处长是各单位实际工作的负责人。我们能否出成果、出人才，我们的工作能否完成，一个很大的因素，取决于室、处的工作的好坏。它就像部队的连队一样。因此，室、处干部的人选非常重要，一定要挑作风正派、懂业务、有组织能力、积极负责的同志，而不是松松垮垮的，工作没有干劲的人。而且尽可能选年轻一点的同志。根据我院现有领导班子的年龄状况，再过五年还要大换班，如果我们不从现在起很好地准备我们的接班人，将来我们又会产生很大的困难。上一次我听历史所一位同志讲，他们有些室到现在为止也还只能靠一些年纪比较大的同志负责，因为没有人可以接手。我们不希望这种情况长期继续下去。通过这次机构改革，一定要培养和配备一些年轻的干部，使他们更快地成长起来，使我们的事业能够由各方面条件都好的同志来继承。这是一个战略措施，希望大家都来注意这个问题。

室、处人选定下来后，还要搞"三定"，要明确职责范围，明确相互之间的关系、职责的划分等。如果每个人职责范围不清楚，各单位关系不明确，"三定"就搞不好。而提高工作效率，反对官僚主义，也就成了一句空话。这是我们的一项基本建设，过去注意不够，希望这次能注意这个问题。新的领导班子的成员，要振作精神，既然组织决定把担子交给你，你就要敢于处理问题，敢于解决问题，该办的事就要办，该表扬的要表扬（过去我们表扬太少），该批评的要批评，该处分的要处分。要在我们院内造成一个新的气象，出现一个新的面貌。从院里讲，我个人有这样的感受，我们院新的领导班子工作是努力的、团结的，效率比过去有所提高，科研工作比过去抓得切实了一些。马洪同志带头听取 11 个所汇报，系统地了解了情况。科研机关应该把主要精力用于抓科研业务。这也可以说是一个好的开端。过去相当长的一段时间内，纪委的工作效率低，很多重要案件没有结案，现在开始有转变，有些案子有了眉目，有了结果，在适当时候就要在党内一定的范围，甚至在全院内公布。我们要办一个《学术动态》，讲了两年了，昨天我总算是看到了三期，这也不简单。从基建工作来说，最近进展很快，科研大楼每半个月加高一层，宿舍楼的基本建设也抓得很紧，食堂、澡堂也有所改善，这都是同志们努力的结果。各所也有类似情况。总之，新提拔起来的同志不要胆怯，多找老专家、老同志商量，认真负责地把工作抓起来。每个人对工作都有一个从不熟悉到熟悉的过程，从缺少经验到较有经验的过程。工作中出现一些困难是正常的，不应怕。组织上把工作交给你们，你们就要大胆、认真地抓起来。当然该请示的要请示，小心谨慎是必要的，但胆怯畏难做不好工作，解决不了问题。

第二，一定要认真细致地做好离休、退休工作。党组认为，对老同志离退休的工作，我们应严格按中央的规定执行。极少数经党组同意，为了过渡，个别老同志可以留下工作一个短时期，其他该退休的要退休，该离休的要离休。我们院老同志本来就很多，如果我们随便留缺口，不严格按中央规定执行，今后干部的离退休制度就很难执行。我们一再讲，院里要做表率，要做好思想政治工作。凡是能够搞科研的同志，离休、退休以后，我们还可以同他建立各种关系，如订合同等，为他们继续搞科研工作提供方便。但不做科研工作了，就不能享受这种待遇。科研工作应该说不受年龄限制，但不能说"我不退休，我要'在编'才能做科研工作"。历史所有一位老专家写了一封信给乔木同志，乔木同志批转给我和马洪同志。这位老专家提到，聂荣臻同志说过能够搞科研的同志不一定受年龄限制。聂老总认为："对年事已高的著名专家、学者的安排，可不同于行政领导干部，有些年龄可以稍大一点，有些可以授予荣誉职务，但也应有退休制度。"中央已请劳动人事部会同中国科学院、中国社会科学院、教育部、文化部等单位，据此写出一个文件来。我觉得我院党组过去讲的关于年老的科研人员退休以后凡能搞科研的要安排他们继续工作，同聂老总讲的话和乔木同志的意见精神是一致的。我们在机构改革一开始就是这样强调的。我们从来没有讲，你该退休了，回家抱孩子去，什么事都不干。但现在有些老同志心里不踏实，对此我们要多做工作。我觉得老专家能否愉快地退休，要靠我们做出具体的规定和进行深入细致的思想政治工作。

第三，干部轮训。中央一再强调轮训的重要性，不要以为去轮训就不光彩。离休、退休是制度，轮训今后也是制度。当然现在还没有出成文的规定，但今后肯定会有这方面的正式规定。谁都需要提高和训练，每个同志都应在工作一段时间后，提高自己的政治、业务水平。这是党中央在培养干部方面采取的一项战略措施。我们的各个所能否定下一条：凡不懂外语的助研以上的同志，甚至实习研究员，给他一定的时间，分期分批地学好一门外语。当然，有的学科不一定非学外语不可，不过作为一个学者，懂得一门外语是必要的。图书资料和行政部门的人员，没有受过正规训练的，也要去轮训。乔木同志讲过，轮训不仅学马列主义，而且要学业务。我们的轮训，也应这样办。以后要规定，工作人员的文化、业务能力不达到某一水平就不予录用，更不能提级。实习研究员要升助理研究员，不具备某一水平就不行。行政业务干部的文化水平达不到高中程度，就不合格。因此各所要重视干部轮训工作，要下决心抽出一部分同志去参加轮训，提高他们的文化、专业、政治水平，这对我们今后的建设是起长远作用的。

第四，要对对外学术交流工作进行全面的总结。这件事已提了两年了。院里准备七八月份召开一次院的外事工作会议，进一步贯彻中央提出的外事活动少、小、精的精神。过去我们有很多所外事任务相当重，其中有相当一部分的活动，对学术工作来说，并不是非有不可的。甚至有个别所，似乎是为搞外事活动而成立的。它的主要活动是搞外事，而不是搞本学科的研究工作，这样下去，就很不好了。还要提醒的是，最近违反外事纪律的事情相当多，有些情况相当恶劣，崇洋媚外的思想在部分干部中相当严重。所以，院里打算对近几年外事工作的经验进行全面的总结，搞出一个文件来，今后大家都按这个文件来办。

第五，评职称问题。为了让各所在今年的最后四个月能集中精力搞业务，这项工作能不能在 8 月份进行？请大家研究一下，把意见告诉我们，以便再作决定。过去我们在评定职称当中，相当严格，外单位也有这样的反映。今后我们还要坚持标准，不能松，但也不能过于严，不能助研二十年一贯制。我这样说，并不是主张降低标准，而是该提的同志就要提，否则，也不是实事求是。但是，七八月份工作太多，评定职称的工作能否同时进行，要根据各所的具体情况来研究，如果 8 月份实在无法安排，也不勉强。具体做法，准备请人事局拟一个文件，将来按文件办。

最后我谈谈对党的十二大文件的学习、研究和宣传工作的问题。十二大是我们党和国家的重大历史事件。十二大通过的《政治报告》《党章》等四个文献以及即将出版的三本书，内容极为丰富，总结了我党长期的革命实践，特别是总结了我党十一届三中全会以来的许多重要经验。我们各所的领导同志、党员、干部，都要认真研究、学习、宣传这些文件。中国社会科学院作为一个研究机关，学习、研究这些重要文件，从理论上来宣传、阐明文件中的重要精神，是我们义不容辞的任务。要通过我们的工作，宣传我们国家的成就，宣传我们的奋斗目标，宣传马列主义、毛泽东思想，使广大人民受到一次深刻的教育。

我院也有一个如何为八亿农民服务的问题，对理论进行深入广泛的研究是必要的，但我们也有义务来宣传马列主义、毛泽东思想，普及哲学、经济学、历史学、文学的知识，这不仅有利于提高全民族的科学、文化水平，而且也利于社会科学研究队伍的壮大和提高。去年我与近代史所的郭冲同志谈过，我们应写一本近代史的通俗读物，以便对广大青年农民进行爱国主义的教育。如果我们不把八亿农民的文化水平提高，要提高精神文明，促进经济建设，就缺乏可靠的基础。我们各所都应担负起这一次伟大的宣传任务。通过我们的工作，使全国人民乃至世界人民对我们党、对党的政策有一个更好的了解。最近一个时期，社会上有这样一种反映，在一系列重大问题上，我们中国社会科学院声音很小，同它在社会上所享有的声誉不相适应。这个问题值得大家注意。对十二大的文件的宣传各所都要抓，都要搞选题。今年9至12月就要做这项工作。宣传有两种，一是有系统的专题研究，二是及时的宣传和阐述性的文章，这要纳入我们的计划。各所的刊物、出版社也都要安排，即使影响一点儿正常的科研业务，也在所不惜。否则，我们怎能说当好党的得力助手呢？

承上启下　继往开来

——在离退休老干部座谈会上的讲话（记录稿）
（1982 年 9 月 28 日）

　　院里早就想召开离退休工作的座谈会，因为部分老同志休假和十二大的召开，所以推迟到今天才开这个会。

　　中国社会科学院到 1981 年底共有 4974 人。满 65 岁、60 岁应离退休的 474 人（除少数因领导班子交替需要，经中央、院党组同意暂时留下工作的外），占总人数的 9.5%，院里准备分几批开座谈会，今天是第一批。今天的会还有各所、各局领导同志参加。

　　实现干部队伍的革命化、年轻化、专业化、知识化，实现新老干部合作交替，是中央早就确定的方针。这是党的事业发展的需要，也是现代化建设的需要。为了实现革命队伍的年轻化，中央决定要成千上万地提拔中青年干部，同时也实行老干部到一定年龄就离退休的制度。十二大进一步提出了这个问题。陈云同志在十二大的讲话中说："应当清醒地看到，由于种种原因，我们党的干部队伍长时间以来就存在程度不同的老化问题，存在青黄不接的问题。这个问题不解决或者解决不好，共产主义事业在中国就有可能出现曲折。"陈云同志把解决干部队伍老化和青黄不接的问题提得非常高，把它看成是有关我国共产主义事业是否出现曲折的重大问题。因此也要求每一个同志，尤其是每一个老同志都能认识这个问题的重要性和迫切性。

我们干部队伍老化和青黄不接的问题确实严重。拿我院做例子：机构改革前，正副院长 10 人，平均年龄 71 岁；院党委常委 15 人，平均年龄 66.6 岁；正副秘书长 5 人，平均年龄 65.6 岁；正副所长、局长 144 人，平均年龄 63 岁。按现在定的标准，从平均年龄来讲，全部过线。在这次机构改革中，我们对各级领导班子作了调整。现在我们各级领导班子人数少了，年纪也小了一些。正副院长由 10 人减为 5 人，平均年龄 63.2 岁，比原来降了 7.8 岁；正副秘书长由 5 人减为 4 人，平均年龄 58.8 岁，比原来降了 6.8 岁；党组成员 7 人，比原常委少了 8 人，平均年龄 60.3 岁，比原来降了 6.9 岁。但严格说来，这个班子还不能说是理想的年轻化的班子，应当说仍是一个过渡班子。如，所、局一级现平均年龄 56.3 岁，明后年就有一批人要离退休。这个事实说明，青黄不接问题仍然没有完全解决。多年来我们中国社会科学院对培养、提拔中青年干部力度不够，论资排辈相当严重。对中青年干部不放心、不放手的情况也是存在的。新中国刚成立时，我们原来担任院领导工作的同志，当时都担负领导工作，而年龄只是在 30 岁上下，比现在所、局级干部还年轻。我们现在的中青年中并不缺乏人才，而是由于老同志长期居于领导岗位，使他们很少有机会提上来，得不到实际有效的锻炼，因此才出现青黄不接的局面。

中央十分重视干部队伍老化、青黄不接的问题，这次十二大又为我们做出了榜样。十二大选出的中央委员 348 人（正式

210 人，候补 138 人），60 岁以下的 171 人，占 49.1%。其中55 岁以下的 112 人，占 32%；50 岁以下的 49 人，占 14%。专业人才比例，十一大 9 人，占 2.7%；十二大 59 人，占 17%。大学毕业文化程度由十一大的 15.8% 上升到十二大的 34.8%。中央下决心，要使我们的中央委员会成为一个新老干部合作交替的典型例子。

　　为了党的事业的需要，我们必须坚决贯彻新老干部合作交替的正确方针。我们老同志要退出第一线工作，把大批中青年干部提到领导岗位上来。俗话说，长江后浪推前浪，新陈代谢、后来居上是历史发展和社会进步的基本规律，有进有出，有上有下，是党内生活的正常情况。这样可以使大批年富力强、德才兼备的中青年干部走到领导岗位上来，让他们得到更多实际、有效的锻炼，使党增添新的血液，使党的事业后继有人，使党保持旺盛的生机。这是全党的一件大事，是关系我们共产主义事业的大事。中央号召全党同志特别是老同志应当以高度的革命责任心来完成这个历史任务。我们院的老同志，特别是今天在座的担负过领导工作的老干部，总的来说，是拥护中央的决定的，表现也是好的。自己退出第一线，让中青年干部走上领导岗位，这说明我们的老同志，对符合党和人民利益的事，都能自觉自愿去做。在开这个会以前，已有 23 位同志办了离退休手续，在座的许多同志已同领导同志谈过话，表了态，决心退出第一线，打算在会后就办离退休手续。但是，院内也有一些年纪大的、不担负行政领导工作的党员，特别是一些年纪已过线的群众，他们有些人不了解党的政策，还有顾虑，还没有下决心离休、退休，他们都看着我们党员领导干部的态度。有的同志说，让我离退休可以，要我自己申请就不行，我不申请。实际上，办手续不是申请，离退休是一种制度，谁到了一定年龄，谁就应该离退休。至于个别留下来的，是因为工作需要，要经上级批准，当有了适当的接替人，也要离退休。个别同志说，我入党的时候宣誓要为共产主义事业奋斗终生。如果认为只有继续担负领导工作才是为共产主义事业而奋斗，离开了领导岗位就不算为共产主义奋斗，那就错了。入党宣誓还保证要执行党的决定，而且是百折不挠地执行党的决定。实行离退休制度是党的决定，就应当执行。同时，离退休后也一样可以做工作，也一样可以为共产主义事业奋斗。这与入党誓言绝不矛盾。有些老同志表示，自己身体好，还能为党工作，不想离退休。还有些老同志说，干了几十年工作，已成了习惯，突然离开工作不习惯，还希望继续干下去。愿意继续工作，这种精神是好的。但年纪大了，精力总不如年轻的人，这是自然规律，不以自己的意志为转移。中央也一再表示，只要力所能及，老同志在离退休后能工作的还希望他们继续工作。我们党有许多老同志离退休后还能发挥余热，在各个方面发挥积极作用，得到群众很高的评价。这些老同志为我们做出了榜样。

院党组考虑到这个问题，认为有两种情况：一种是身体比较差的老同志，我们希望他们在安度晚年的前提下，做一些他们力所能及的活动，包括院外的社会活动，能做多少就做多少，有一分热，发一分光；另一种情况是，身体比较好，还能坚持工作，至少是一个时期内能坚持工作的同志中，凡是从事科研工作的，只要他们仍在研究某些课题，或要继续完成某些课题的研究，我们将采取委托制（或特约制、合同制，名称未定），让他们继续研究，拿出成果。当然这不能完全由自己决定，还要得到领导同意，他的研究项目才可列入计划。这些老同志和在职的研究人员不同之处，就是他不做领导工作，不上班，可以自由地支配自己的时间。做党政工作的，我们也将采取委托制，对少数有经验、有能力、德才兼备、同群众有联系的老同志，委托他担负某方面的工作，当然也包括一些重要的工作。根据工作的需要和他本人的健康情况，可能要求他们在一定的期限内，比如一年、二年，还要上班。当然这也不能完全由老干部本人决定，要得到领导同意。除了上述两种情况外，还会有一些带有时间性的工作。比如不久之后要整党，我们要对全体党员进行教育，在这方面，可能需要一些已离、退休的老同志来担负一部分教育党员的工作。不过我们不会强制做出决定，还要老同志自觉自愿。至于老同志在自己力所能及的情况下从事各种活动，包括院外社会活动，这些都由老同志本人按自己的情况进行安排。有不少同志准备写回忆录，和老战友总结过去工作，等等，党组织会尽可能协助他们。

关于离退休干部的待遇问题，凡是中央已做出决定的，我们都按规定执行。

最后，希望在座的老同志离休、退休以后，仍要关心党的工作，支持年轻的同志做好工作，使我们党的事业更加兴旺发达。

做好规划　开创科研新局面

——在院务委员会第一届第三次会议开幕式上的讲话
（1982 年 11 月 17 日）

这次规划会是中宣部和我院共同召开的。会议情况原由孙尚清同志汇报，因他生病住院，改由我来汇报。我没有自始至终参加会，好在会议文件都已经印发了。

这次会议在上半年做了一些准备，原计划在十二大前召开，后决定在十二大后召开，根据十二大的精神，以十二大精神作为指导思想。

力群同志要中国社会科学院起草社会科学的五年规划，在会上通过。

会议请了各省市同志和各重点大学负责人参加。因为要制订规划，没有各省市、各重点大学同志参加，规划做不好。这次会议没让教育部参加，是个缺陷。1978 年的会就是和教育部共同召开的，这次会是 1978 年的会的继续。

这个会的主要目的是根据十二大精神，制订规划，开创社会科学新局面。总的说会议开得很好。各省市同志在开完会后都表示很满意。多年来没解决的问题，在这次会上解决了。大家认为乔木同志的讲话非常好，开阔了他们的视野，很解决问题。

从 1978 年开始，省市社科院提出了一些问题：我院和各省市社会科学院的关系问题；队伍问题；经费问题；基建问题。乔木征求了财政部、教育部、计委的意见，他们认为我们的要求不高，今后将完全保证这些要求。特别是省市社科院对基建经费的要求。只有一个问题没解决，就是我们和各省市社科院的关系问题，我们从没考虑到有个垂直的领导关系，只是今后联系需要加强，因此没有像各省市希望的那样解决。

关于今后社科院的发展，在今年初讨论机构编制问题时，就提出，今后不要着重数量上的发展，而要着重质量上的提高。要提高理论、业务水平，而不是要调动更多人员。准备在两三年内改善我们的工作、生活条件，如果我们再大量进人，那么改善条件的问题还不能解决。当然，主要是不容易找到很多适合科研工作的干部。我们的编制定下来后，一定要把好这个关。力群同志讲话中特别强调了这一点。力群同志说，省市社科院极需人才，建议省市挖中国社会科学院的"墙角"。我们应大力支持省市社科院。"六五"期间的发展重点在省市社科院，各省市社科院在一些学科上做出了成绩，我们要支持他们，或我们共同来做工作，给他们经费、人力，共同出成果。把发展重点放在地方，这是一个战略措施。这几年，我们不要搞新的学科，不要增加编制，放到地方去，不要只看我们社科院一家。这是会议的一个重点，省市对这一点也满意。

对规划的制订，这是会议的另一重点。把社科规划作为规划的一个部分，这是一个发展。但我们还只有一个纲要，明年 5 月前，要开会制订计划，要吸收专家们来制订。各学科要制订五年、七年的规划纲要。这项工作决定由中宣部牵头，社科院参加。这是一个很艰巨的任务。要有重点项目，这样计划才有意义。再一个问题是设置一个基金会，把历年的结余都算上，财政部再拨一笔，作为我们的基金。资助重点的项目和现实需要的项目。将来还要拿出来作为文章、资料评选的奖金。大约有 1500 万。这将由中宣部、社科院、教育部共同组成的规划小组来决定如何使用。

中央领导同志在会议讨论过程中发表了一些意见。提到十一届三中全会后拨乱反正的工作，提到了很高的高度。指出对现行政策提出根据，强调直接应用，强调要有中国特色的社会科学，这些都需要我们来探讨。希望从事理论研究的同志能做出贡献。只有着重于实用，才能提高我们的研究水平。周扬同志强调要着重现实问题的研究。万里同志强调人才的培养。力群同志在讨论中作了说明，并对会议纪要作了修改。

借这个机会谈谈我的一些想法，我个人的意见。

怎样开创社会科学研究新局面？这次会议有几个议题，最重要的是如何贯彻十二大精神，如何开创社会科学研究新局面的问题，这是院务会议讨论的重要问题。我们学习十二大文件是有成绩的，许多领导同志带头参加学习，有些所还联系了本所的研究工作。但不平衡。自十二大结束以来已有两个月了，规划会也开过了，会上的文件也印发了。现在要考虑的就是如何在社科院开展研究工作新局面的问题。我们不存在翻两番的问题。应该首先找出研究工作中的主要矛盾，作为突破点。主要矛盾是什么呢？我认为，是重视基础科学的研究，轻视应用科学研究的问题。从学部时期开始，一直到最近，是不是还存在重视古的、洋的，不重视紧迫的、现在的问题？是不是有这个倾向？当然不是指每个人。我党的这个问题有改善，但问题还是存在。这有历史原因。因不断有运动，不断抓阶级斗争，使大家成了惊弓之鸟。现在是否这种倾向还存在？当然所和所不平衡，有的所不存在，所内也不平衡。但这种倾向值得注意。我国的社会科学有自己的传统，从"五四"以来，一直是着重于现实问题。但从规划来看，对现实问题的研究还没有摆在首位，习惯势力还在影响着我们。要开创社会科学新局面，首先要解决这个矛盾。这是新时期总任务对社会科学提出来的要求。讲直接应用，就是用马列观点，对现实的理论问题做出研究，对开创新时期做出贡献。中央书记处在讨论我们的纪要时，也强调要加强应用科学的研究，这个问题也写进纪要中去了。

我们要求加强社会科学的直接应用，但这绝不是忽视基础科学的研究。十二大文件中，还是提出要重视基础科学研究。两者互相依存、促进。即使和现实科学关系很密切的研究所，也要强调基础科学的研究。不重视基础科学的研究，我们的研究就没有根了。但在当前来说，更需要强调应用科学的研究，要摆到应当的地位。现在有不少所是重视现实问题的研究的。如工经所、经济所对市场问题都在研究。世经所同经济研究中心在研究 20 年后的问题。这都是很好的实际。法学所关于修改宪法、法律的起草以及国际法的研究等，也都在进行。青少年所、文学所、哲学所、院刊也发表了一些探讨现实问题的文章。

现在全国各条战线都在大力开展开创新局面的工作，我们中国社会科学院的气氛还不够。如人口普查问题是个大问题。乔木同志提出搞个社会大辞典。但语言所、社会学所、文改会等对于这个问题重视不够，到现在还没有利用这些资料，也没有写这些方面的文章。香港有相当多的学者对香港主权问题写了许多文章，而我们没有这方面的文章。如麦克马洪线的问题，也没有作研究。最近梵蒂冈保罗二世发表了"只有一个中国"的文章，是反动的。我们搞宗教工作的同志，对这些是否也应有足够的注意？

加强应用，有好处。一是对社会主义建设有好处。二是可以推动社会科学的发展，有利于基础科学的研究。三是有利于改进我们的学风，邓力群同志讲话中专门提了这个问题。四是有利于调动更多的科研人员的积极性，因有些人员更适合做这方面的工作。五是要同社会上一些单位联合起来，进行合作，可以扩大联系，为进一步开展研究工作创造条件。

要把研究列入计划，提出课题，要定出时间才能落实。计划要检查，要建立考核、检查制度。要加强组织纪律和劳动纪律，要坐班。领导干部，一般情况下要有一个人坐班，特殊情况下都来坐班。尤其是助研以下的同志，他们的研究工作要有一个艰苦的过程，如果不培养他们，没有严格的要求，没有老研究员的帮助，他们上不来。要在三五年内认真培养、严格要求他们，使他们更快地成长。不要让他们在家里带孩子、买菜。年纪大的、行动困难的，不一定要他来坐班，但年轻人不要养成自由散漫的习惯。乔木同志讲，要表扬做出成绩的人，先进的人。提了几年了，我没有做好这个工作。包括搞资料工作、搞研究工作的，有成绩，做出贡献，都应给他们鼓励。

乔木同志提出，要把社科工作者同经济工作、工业部门如何联系研究的，在报上发表些通讯，让社会上也知道。我们过去对这个问题做得不够。我们有些事，应该众所周知，这对我们也是一个督促。

要开创社会科学研究的新局面，要动员全院的力量，全体员工都要组织起来。

要开创新局面，要加强党的领导，关键在于今天与会的同志。开创新局面是艰巨的，会遇到阻力，希望党员同志起带头作用，拿出实际行动响应十二大的号召，要振奋起来，勤学苦练，高标准严要求。

（根据会议记录整理）

有的放矢　做好各项工作

——在院务委员会第一届第三次会议闭幕式上的讲话
（1982 年 11 月 20 日）

　　这次吴介民同志的机构改革的报告，各小组同志在讨论中没有提出不同意见。大家认为我院机构改革上一阶段工作较快，有决心，就是后一阶段还存在问题。应该说后一阶段工作才刚开始，工作还相当多。后一阶段的工作如离、退休问题、"三定"问题、干部轮训问题、建立健全规章制度问题等，都需要认真做好。

　　有的问题不是我院一个单位就能解决的。比如退休年龄问题。我前天看见卢嘉锡，问他中国科学院是怎么规定的，他说他们也没有定下来，准备定研究员 70 岁，副研 65 岁。在这个问题上科学院还有不少意见。这确实不是我院就能解决的。又比如轮训问题、一些人调整工作的问题，这些要国家机关统一做出规定，这不是靠我们雷厉风行就能行的。原本我们想今年年底前搞完，现在看有困难。

　　这次讨论，意见较多的是编制问题。一部分同志认为全国各省、自治区、直辖市社科院系统，1985 年由现在的 5000 多人增加到 1 万人，而我院只限制在 5500 人。能不能把地方的一部分编制给我们？我们一部分老所，老同志要退，新同志不能增加，老化现象会更严重。还有的说我们的司机退了，没有新司机补充，车子不能开；图书资料员退了，没有人，图书馆不能开。

我们始终认为，5500人是我们的防线，不能突破。有人说这是院领导僵化，这不是僵化，是原则。《哲学社会科学规划座谈会纪要》中央已经批准，即将下发。《纪要》说，哲学社会科学事业今后要有一个大的发展，它关系到社会主义新局面能否开创的问题。中央还说社会科学工作要列入省、市党委主要议事日程，应由主要负责同志来抓。"主要负责同志"是中央加的。目前多数地方社会科学院还不成一个队伍，开创社会主义建设的新局面，地方的社会科学研究力量就需要更大发展。而我们院已经有相当多的研究人员了，今后几年调进的研究人员，要求质量更高一点儿。中央同意我院今后三年全院人数保持在5500人的控制数字之内。从中央战略部署看，前十年打基础，创条件，后十年进入新的振兴时期，从现在到1985年的三年内，我们主要是提高科研人员的质量，这才有利于今后十年的大发展。

这次会议讨论中，有少数同志说我院到1985年确定5500人是战略上的错误，多数同志认为现在要大发展是不妥当的。这次讨论遇到的问题与去年贯彻中央一、二号文件时不同。去年，相当多的同志坚持大发展。这次多数同志不这样提了，但还有一部分同志要求他的小单位大发展。这里，我们讲清楚，今后也不是大小所一概而论加编制，急需学科，如确定需要增编，还是可以的。但是是在控制数内增加。我们讲5500人，实际上远不止5500人，我们现在5300人中，离、退休的有474人，如果再过三年，还有300多人，加起来共700多人。

我们若好好利用这 700 多人的编制，就能解决很大的问题。这 700 多人的编制，绝大部分是用作增加科研人员编制，行政人员只占很少数。何况这三年我们不一定能找到这么多有一定质量的科研人员。所以，5500 人不能再突破。而且，这不仅是编制问题，还有办公室、房子问题。增加了人，马上面临解决增加住房的问题。我们现在缺房的有一千多户，短时间内很难解决。这对耕夫同志管的基建，是非常大的压力。所以，不能说冻结在 5500 人，社科院就是一潭死水了，不增加新力量了。这种看法是不对的。科研事业还是大有发展的。冻结也只是在编制尚未确定的情况下的暂时措施。到 1985 年，最少还可以增加四五百名新的科研力量。

1982 年 1 月至 10 月，全院一共调进 363 人。这 363 人中，多数是国家分配来的大学生、研究生，这个编制是应该增加的。但是我们最近却出现了这样一种现象：有的人从院直单位调到所里，带着编制去，不占接收单位的编制，而调离单位空出的编制又提出要进人。编制不但没有真正空下来，而且还要求增加一个编制，这种做法我们觉得不合适。因此，我们把编制冻结起来。关于编制问题，我们准备一个所一个所地解决，要一个所一个所分析，现在有多少离退休的，工作不合适的有多少人，从工作任务出发需要多少人，缺多少编制，有哪些机构需要合并、裁掉。关于合并问题，在机构改革前我们做了很认真的考虑。我们已经撤、并了几个机构。如果工作真正需要，重新建立机构也不是不能考虑。在有限的编制里尽可能做合理的安排，不是说一概不增加。我们现在所里控制的编制还有 700 人左右。这个情况向大家讲清楚。比如国际法的研究，确实有这方面的科研人员可以适当增加，这不仅是加强我们法学所的工作，而且对我国对外关系工作是有好处的。有的同志说，有的所可以迁出北京，我们也考虑过。但这需要一个所一个所认真地分析研究后才能做出决定，现在还没有这个计划。

再一个关于离退休问题。现在还未最后做出决定，有些问题能办就办，不能办的不要勉强。如助研可能升为副研的，可慢一点办离退休，但多数是可以办离退休的。年前做到多数人离退休办完，那就可以说我们的机构改革是有成绩的。有的同志说，要院领导找离退休人员谈谈。国庆节前院里已经开过一次会了。以后主要是各所自己谈，有些同志思想疙瘩比较重，而且在离退休过程中有意见，我们也可以找他们谈。总的来说，对离退休问题，我们要认真对待。离、退休后凡是能够继续从事科研工作的同志，一定要千方百计更好地发挥他们的作用。现在我们的研究力量不是多了，而是少了。要在不违反国家财务制度的情况下，使得那些既离退休了，又继续参加研究工作的同志能够安心搞研究，而不应因为离退休后工资少了而产生困难。我们准备还要请外单位离退休的和有研究能力的人当特约研究员，给他们出题目，给他们报酬，何况是我们自己的研究力量，如果没有把我们自己的研究人员的积极性调动起来，我们就没有做好工作。这次中央批准我们的《纪要》，也强调要用各种形式，来调动能够参加社会科学工作的人。

我们还有一部分科研人员要调到地方去，因为两地分居问题，无法把对方调入北京，只有调到地方去。这些同志到地方去后，还可以从事研究，我们应该积极协助，尽快加以解决。有的同志提出，两地分居的要调走，培养人不容易，可惜。我们虽然少了这部分研究力量，但地方上却多了这部分力量，这对促进地方社会科学事业的发展是有好处的。这也是解决两地分居问题的一个可行办法，因为现在要调人进京确实很困难。

轮训问题，我不准备多说了，我们现在还有 300 多人需要通过补习来达到初中水平，还准备和研究生院商量，把英语培训搞起来。对图书专业人才、电子计算机人才也要培训，还有电梯工、司机、打字员等，要由各部门负责培训。人员培养问题是一个战略要求。我们现在每个所都有一批助研、实习研究生、副研究生，每个所是否可以考虑在 1985 年，甚至在 1990 年现有的人中有哪些人要培养、提拔，能否定个计划，有意识地帮助他们提高业务水平，使他们在三五年后可以顶起来。只要我们现在的 3000 名科研干部中，相当一部分人水平提高了，对中国社会科学院来说，就增加了很大的科研力量。

要选拔哪些人到国外进修也要有个安排。有些人对外事局有意见，说有一部分需要培养的人送不出去，而一些水平比较低的，没有什么专业知识的人却被派到国外去了。有些人去的时间很长，等等。这里，我们要强调一下，我们今后的外交活动主要是学术交流，我们都要明确这点。应该围绕着研究工作的开展来建立各种关系，而不是应酬、干杯、友好交往。当然，友好交往中的一些必要的应酬也不能绝对避免。

领导干部要有后备名单。现在我们的领导班子从严格意义上说还是过渡班子。现有干部中间，再过三五年，有相当一部分同志要离开工作岗位，在他们还没有离开工作岗位，还能帮助新生力量成长的时候，最好在我们现有领导干部中有一个培养接班人的计划。十年树木，百年树人。如果不早点动手，将来工作上要吃亏的。我们打算 11 月开会研究这个问题。

关于坐班问题顺便说几句。它本来是一种应坚持的制度，"文化大革命"期间破坏了。也有的单位一直做得比较好，我们的考古所从开始到现在始终都是坐班的。我们现在要求坐班，除年老体弱的，家里条件比较好，能够在家里做研究工作的，经领导同意，可以不坐班。其他的同志，办公室有条件的应该坐班。我们有大批资料，大家都要用，你不坐班，把书和刊物领到家，长期不还，实际上变成私人财产，别人要看看不到。特别是助研、实研还没有完成论文，他们还需要刻苦努力搞研究工作，应该对他们严格要求。不严格要求，如果不自觉，很可能就去干别的事情了，这对他们的成长是不利的。坐班遇到学术上的问题可以随时向其他有学问的同志请教。坐班制是对干部的爱护。有人说，不坐班，只要建立了考核制度就行了。我们认为考核要，坐班也要。领导干部更要带头坐班。有的所的领导说："我不能到办公室去，去了不断有人来找谈话。"有工作就要有人做，你不做思想工作，不解决问题，他们就要来找我们。所以这不能成为一个理由。这次院务委员会经过讨论，多数同志赞成要坐班。我们这次会上做出决定，各所按具体情况，规定坐班制度。既然做出了决定，就要承担责任，不要做了决定不执行。现在办不到，明年 1 月 1 日起实施也可以。

机构改革是个硬任务，困难确实不少，后边接着要做的事情还很多，还需要做出巨大努力，希望院务委员、各所负责同志要自己带头，决不要虎头蛇尾，一定要善始善终，使我院的科研工作经过这次机构改革，水平进一步提高，为我院科研事业的进一步发展以及科研工作开创一个新局面打下一个更好的基础。为"四化"做出更多的贡献。这是我讲的第一个问题。

第二个问题——关于开创科研工作新局面问题。上次会上提了以后，大家都同意这个意见。有的认为提得迟了一点儿，有的希望能够有具体措施。我们希望在这次院务委员会以后，大家要认真学习中央发的第 160 号文件，即中央批转的《全国哲学社会科学规划座谈会纪要》。这个文件对社会科学院、对全国社会科学界很重要。党的十二大要求开创科学研究新局面，中央给我们创造了非常好的局面，非常好的优越条件。十二大把科学工作作为战略重点，把哲学社会科学的计划作为国民经济和社会发展计划的一部分，这对哲学社会科学界来说是第一次。同时，中宣部与我院共同召开规划会议，规划会议的《纪要》又作为中央文件转发全国，中央在前面加了一段重要批示，这也是第一次。中央的批示中肯定了我们过去的成绩，还指出社会科学今后必须有一个大的发展，没有哲学社会科学的发展，要开创社会主义现代化建设的新局面是不可能的。这就对社会科学的地位、作用做了很高的评价，这也是第一次。中央这个文件这两天就会发下来，这是指导我们今后工作的一个重要的文件。我们院务委员会就是在这个非常有利的条件下召开的。中央文件对社会科学研究的方针任务已经做了非常明确的规定，其中有这样一段话："社会科学工作者要着重研究社会主义现代化建设的理论问题和实际问题，这是社会科学能够得到发展的唯一正确道路。广大社会科学工作者要振奋精神，同心同德，刻苦钻研，把马克思主义的普遍真理同我国的具体实际结合起来，努力探索社会主义建设过程中各方面的客观规律，为建设具有中国特色的社会主义做出自己的贡献。"这里特别提到社会主义现代化建设中的实际问题与理论问题，这是对社会科学事业发展提出的正确方针，正确道路。我们的研究工作要把这作为重点。要特别注意调查研究工作，并不是说不重视基础理论的研究，也不是说所有学科在直接应用上都毫无区别，有的学科几乎整个为我们直接应用，如法学学科。但不能对所有的所都提出同样的要求，对所有研究人员都提同样要求，都一刀切。不同学科要分不同情况提出任务，在今后的计划中体现中央对我们的要求。但所有的学科，都要重视接触实际，调查研究工作。前年我们组织了一次去农村参观调查，科研人员去的很少。我觉得对我们搞社会科学研究工作的同志而言，到农村去，是一种接触实际的机会，对我们开阔眼界很有好处，希望各所都在自己的科研工作中，加强调查研究，加强与实际工作的接触，跟当前的实际工作能够更好地结合起来。因此，我们希望今后在制订计划时，根据各学科的具体情况，包括学科的研究力量、定下哪些课题、哪些人负责、跟哪些单位协作、跟哪些人员挂钩、要求达到什么质量、什么时候完成任务等，都应该列到计划里面去。这样既便于督促检查，也使得我们的工作在执行计划、抓重点项目方面能够进一步做好。

总之，把社会科学研究工作作为重点，列入国民经济和社会发展计划和中央对规划会议的大力支持，都应该作为把我们的工作推向前进的一个巨大动力。同志们回去以后，一定要和我们各所的同志在学习十二大文件的同时，把规划会议的文件认真地组织一次学习，调动大家的积极性，把我们的工作搞上去。

规划会议给中央的报告里，提到在明年5月以前要制订出一个全国哲学社会科学的五年计划，以及十年设想。这个计划的制订不能由社会科学院来包办，一定要广泛调动团结各方面的学者专家来共同做好这个工作。但是，组织工作，包括相当重要的责任要落在我们肩上。我们有关各个所，要在明年 5 月底以前完成全国哲学社会科学规划的工作，这是一个非常艰巨的任务，需要做大量的工作，希望大家思想上做好准备。将来由中宣部牵头，成立一个领导小组，实际工作我们社会科学院多做一些。各学科规划的制定，要落在我们各个所的头上。这一条，思想上要有足够的准备。我觉得这也好，能够集中一段时间、精力把规划搞起来。对于我们今后各学科的研究工作有很大的意义。通过制订计划明确要加强什么，要发展什么，为加强、发展，我们要准备什么样的科研人员，大学要培养什么样的学生，出国要进修哪些项目，等等。我们都要有一个计划，有一个安排，这样使得我们的整个工作能够有计划，能够比较适应今后发展的需要。

对于院的工作条例、院学术委员会条例、稿费提成办法，在讨论过程中，除个别同志提了不同意见以外，多数都是同意的。并且提了很多很好的意见。这些很好的意见我们在吸收了以后，加以修改，然后分发到各个所去，请各个所讨论以后提出修改意见，我们再定稿，做一个决定，再发下去。工作条例是我院的小宪法，因为跟我们的考核条例、各个所的条例关系比较密切，可以迟一点儿发，使各个所的条例都定下来以后，最后修改我们的工作条例，然后再发出。大家提议，条例在发布前，请法学所从法学角度上进行研究，看有什么不妥当的地方，还请语言所在文字上加以润色，使得我们的条例真正成为一个比较像样的文件，我看这个意见非常好。

关于稿酬办法，大家都没有什么意见，对我的说明也没有什么意见，但是提到一些具体问题，如资料的稿费应该分为两类，一种资料是很难搞的，另一种资料是很容易搞的，对此报酬应该有区别。对参加集体创作的人应该鼓励，集体创作的稿费也应该和个人的有区别。编辑人员在完成本职工作后写文章的稿费，也应和科研人员有所区别，这也是比较合理的。把重要意见吸收后修改，再发下去。以后，全院性的规定，一定要先征求各所的意见。

图书中心的问题，国际片存在的一些问题，因为研究问题需要一些时间，所以准备单独作为一个问题来讨论，在这次会议上不对此做什么决定。

（根据会议记录整理）

落实科研计划　加速改革步伐

——在院务委员会第一届第四次会议上的讲话(摘要)

(1983 年 2 月 3 日)

我院 1983 年工作安排给中宣部的报告已发给大家。这只是个初步的意见，是在中央领导同志关于改革问题的重要讲话发表之前拟定的。现在先提交院务委员会讨论，请各位根据中央领导同志讲话的精神，加以补充修改。

在 1983 年工作安排的报告中，我们简要地提了一下去年的工作。我院去年的工作是有进展、有成绩的，当然，也还不是那么理想。中央对我们的工作是很重视的，十二大的文件和人大通过的发展规划都提到要加强社会科学研究，特别是哲学社会科学规划座谈会后，中央转发了会议的纪要，还作了重要的批示，这些都是从来没有过的，对我们今后开展工作非常有利。

1983 年我院的主要任务，报告中已列举了几项，但主要是要继续做好改革工作。去年我们虽然也搞了改革，但是只限于领导体制和机构方面的改革，对其他的改革考虑得还不够。中央领导同志讲：今后要进行全面而有系统的改革，坚决而有秩序的改革。党组认为，改革工作是今年全院工作的中心，不论科研工作、党政工作，都要贯彻改革的精神，特别是科研工作，要改变我们目前比较沉闷的局面。

去年在中宣部的一次会议上，力群同志谈到我院的工作时，指出，在十二大、宪法、五年计划、经济改革方面等重大问题上，中国社会科学院发表的文章少了一些。许多同志还记得，在去年人口普查时，乔木同志给院里和几个所的负责同志写信，要求几个有关的学科，利用人口普查非常难得的资料开展研究。但是，据我所知，几个学科都没有动手。这说明，我们去年有些该做的工作还没有做。最近全国各条战线都很活跃，中国社会科学院必须认真搞改好革，让全院同志都放开手脚，充分发挥聪明才智，才能打开新局面，把科研工作搞上去。

今年的改革工作主要抓四项，报告里已讲了，我现在作个补充。

一　要搞好科研规划的制订

这包括两个方面，一个是落实全国哲学社会科学的"六五"计划，另一个是着重抓好今年我院的科研计划。制订社会科学的长期科研计划，这是有史以来的第一次，确有重大意义。这个工作规定由中宣部牵头，恐怕绝大部分工作要由我院来承担，我院不费大力气是做不好的。

在制订规划中我们要突出重点：就是要根据中央的指示，加强对社会主义现代化建设的重大理论问题和现实问题的研究，这一点一定要在今年的科研计划中加以贯彻。其实这个问题早就提出来了，在1979年我院的党代会上，乔木同志就向我们提出了。但是没有引起我们足够的重视，因而也就没有认真贯彻。去年中央书记处开会，在讨论科学院的工作时，指出自然科学方面应该着重于直接应用的研究，这个意见我们传达了，也研究了，但仍然没有引起什么大的改变。当然，这也有它的历史原因。自从学部成立以来，研究工作就偏重于搞"大洋古"。反右斗争以后，这一情况更为突出。当时很多研究人员避开现实问题的研究。当然也还有人坚持现实问题的研究的，像冶方同志。"文化大革命"更加深了这方面的影响。直到去年开会时，有些同志还说要我们配合政治任务写时论、时文，是降低了我们的地位，我不干。他们认为社科院最好是把力量用在基础理论的研究上。因此，轻视直接应用的倾向，目前还不能说是已得到了解决。

十二大报告强调，要着重现实应用的研究，加强基础理论的研究。中央领导同志的报告中也讲到，要着重发展应用研究，加强基础研究，不论是应用研究还是基础研究，都应当按照科学的特点，尽可能地面向经济建设，为发展生产服务。中央书记处在讨论我们的规划座谈会纪要时，中央领导同志和后来的中央批示中也都强调了这一点：社会科学工作者要着重研究社会主义现代化建设中的重大理论问题和实际问题，这是社会科学能够得到发展的唯一正确道路。乔木同志在闭幕会的讲话中对这更有大段的阐述。这些都是对我们很重要的指示。如果说我们过去对这个问题认识得还不那么一致的话，经过学习中央的文件、中央领导同志的讲话，我们应该取得一致的意见，应当贯彻到我们的计划中去了。这次不论是考虑"六五"计划还是年度计划，都要把对社会主义建设的理论和实际问题的研究作为重点，也包括今后的"七五"规划。

在我们印发给大家的重点题目中，有的所提的项目不少，有的学科研究的对象在当前还是政治上非常敏感的，跟群众关系非常密切的，但在规划里很少或几乎没有现实的课题。希望会后能够改变这种情况。这个例子也说明，改革不是那么容易的，还是要有一个过程的。

我还要说明一点，社会科学要着重于现实问题的研究，这是我们的重点，但这绝不是说，它就是全部。这一点乔木同志在规划会上也讲了。直接研究的课题，绝不能代表学科的全部，不是说所里的所有力量都要放在现实问题的研究上。现实问题的研究应当加强，但基础理论的研究也必须重视，所里也要有一定的力量来进行基础理论的研究。因为基础研究对现实问题研究起指导作用，不能把基础理论研究放在一旁，不能把研究工作看得太狭隘，重视一面，忽视另一面。应当看到两个研究都是为社会主义建设服务的，都是为发展和完善社会主义制度服务的。在"六五"计划和年度计划里，基础研究都要占一定的比例，不同的学科可以有不同的比例。但是总的说来，当前对应用方面的研究的比例小了一点儿，还需要加强。

科研工作的改革不仅仅表现在课题上，还表现在方法上。要强调应用研究，就要深入实际，要进行调查，通过探索，找出规律，得出答案，为"四化"建设做出贡献。当然，深入实际，在不同学科要采取不同的形式，不能千篇一律。如经济所应当参加经济体制改革的活动；工经所到首钢去蹲点，与首钢合作；农经所与国营农场合作；青少年所到劳改所，和他们一起对少年犯罪分子进行相关的研究调查；社会学所到街道，到一些市镇；研究当代文学的，可以到农村和集镇，对当代青年进行必要的调查；近代史所为进行爱国主义教育，也可以到部队，和部队的政治部门合作，了解在对战士进行爱国主义教育方面，需要我们近代史所做哪些工作；法学所鉴于油田投标，要和外国资本家订合同，也可以去研究一下外国的油田是怎样投标，怎样同人家订合同的。乔木同志提出，法学所是不是可以搞一个法律事务的咨询服务机构，这既能帮助老百姓解决许多问题，又能广泛接触群众，给我们的法学研究开拓一条非常宽广的道路。总之，到国内或国外去研究，方式可以多种多样。党组的初步意见是，一般的研究人员，特别是从事现实研究的人员，一年中要有半年时间下去。这可能长一些，讨论了之后再做出个规定。其实，我们院埋头下去搞研究的人是不少的。民族所梁敏同志到西藏去调查，一直搞了半年多，非常辛苦，回来后整理出很多好的资料。民族所还有不少同志，去落后的民族地区深入调查，对民族问题的研究起了很好的作用。

今后，所有下去搞调查研究的人员，回来后都要整理材料，写成报告，有的还可供中央参考，有的也可以公开发表。这些调查报告也要作为今后考核、提级、晋升的一个根据，要装入本人档案。党政人员也应当下去考察，到基层去，首先到院的基层，到所里去，到工地去。我们就可以大大减少官僚主义，大大提高我们的工作效率，打开新的局面。

二　科研人员要实行合同制，党政人员实行责任制

这一条在印发的报告中没有提出，是新增加的一条。1979年乔木同志在我院的党代会上就曾提出，希望能建立科研人员的合同制度。四年了，一直没有实行，1月22日，在讨论《当

代中国》时，力群同志又提出，中国社会科学院是不是应当把合同制搞起来。学习了中央领导同志关于改革问题的讲话，党组认为，是该实行这个制度了。

合同制实际上是一种责任制，把每个科研人员或科研小组的研究课题以合同的形式定下来，合同内容包括数量、质量、进度、完成的时间和责任权利等。订合同的好处是发挥积极性，提高责任感，还便于考核、检查，了解每一个科研人员的工作。合同制订之后，完成得好的，要奖励、表扬。没有完成的，如果有特殊的原因，比如生病了，或是有了其他任务，那不能怪他。但假如因为他搞了外边的订货或不负责任那就不允许，要批评，甚至处分，合同由研究室同研究人员签订，经所批准。科研人员在实现了合同的要求，完成科研计划之后，我们也不反对他去搞些兼职，或搞其他活动，例如到大学去讲课等。前提是必须首先完成本职工作。不过我们还是主张在完成本职工作之后参加所里的其他研究项目。离退休人员如果继续从事研究工作，也可以订合同，要保证享受同样的待遇，不能因为退休了，待遇就不如从前。如果院务会议同意实行合同制，可以由科研办制定一个具体的条例。

总之，实行合同制，就可以改变多年来的干与不干、干多干少、干好干坏一个样的局面，改变那种只关心自己出版社的订货，不关心国家计划的状况。合同制可以提高人员的工作效率和积极性，体现了按劳分配的原则，增强每个科研人员的责任感，也使得每个同志的才能得到充分的发挥。

党政人员实行责任制，就不需加以说明了。

三 对优秀的科研成果予以奖励的问题

乔木同志也已经讲了四年，一直没有办。今年一定要办。在今年底或明年初，要对科研成果进行评价，优秀成果要进行奖励。这对科研人员是个很好的鼓励，也是个检阅。（马洪同志插话：我们能不能搞个科研成果的评议，类似评大众电影百花奖那样。孙尚清同志插话：去年辽宁已经这么办了。）我们也可以发它几千封信，给各方面的专家，请他们评议，最后经院里来评定。

四 继续做好机构改革工作

要加强研究所的建设，扩大所的权力，财、物、外事等方面所里要能够相对独立，要放手让各所工作。

所和局的领导班子凡年龄偏高的，要及早选好接班人，找一些好的助手，进行培养，给他们锻炼的机会。

最后一点，要搞好基建工作，抓紧七个宿舍工程、六个办公楼、厂的基建工作，争取尽快地改善职工的住房条件。

关于 1983 年下半年
工作的几点意见

——在院务委员会第一届第六次会议上的讲话

（1983 年 7 月 25 日）

　　最近，党组在学习、领会中央工作会议精神的基础上，对今年上半年的工作简要地作了回顾，对下半年如何结合我院的实际，贯彻会议的精神也进行了认真的讨论。这次中央工作会议，"是经济工作上的又一次重大的决策会议"，是关系到 90 年代我国经济能否振兴、十二大提出的战略目标能否实现的大问题。这次中央工作会议，虽然集中讨论了关于集中我们的财力、物力来确保重点建设的问题，但是会议提出的精神，要解决的问题，跟我们同样有着密切的关系。现在我根据党组讨论的情况，代表党组对今年下半年的工作讲几点意见，请大家审议。

一　关于"六五"和"七五"计划的问题

　　全国哲学社会科学的"六五"计划，经过召开分学科规划会议讨论，已经编制出来。列入国家"六五"计划的哲学社会科学的重点项目共有 87 个，重点研究课题为 248 个。其中，由我院各所承担的研究课题共 87 个，占课题总数的 35%。在我院承担的课题中，以我为主或全部由我承担的项目有 76 个，属于协作的项目有 11 个；属于研究现实问题的课题 32 个，基础性的研究课题 55 个。这些项目，我们各所是重视的，有的正在组织力量抓紧落实，有的已经积极地开展了研究工作，也有一些已经完成了初稿，比如经济所主编的《中国经济发展战略》已经定稿；工经所、农经所、财贸所也已分别对工业、农业、财贸的发展战略写出了研究报告；技经所对山西重化工基地的模型预测也已经基本结束。

全国哲学社会科学"六五"计划，从开始制订到初步落实，只用了半年时间，确实是很不容易的。各学科规划小组做了大量的工作，与各有关方面进行了反复的研究、协商，现在计划已经由全国哲学社会科学规划领导小组批准。把哲学社会科学重点研究项目列入国家的五年计划，在我国还是第一次。由于我们缺乏经验，编制计划的指导思想不够明确，计划中出现一些问题也就在所难免。比如，现在列入计划的项目研究社会主义现代化建设中的重大理论问题和实际问题的项目较少，重点也不够突出等。我估算了一下，列入国家"六五"计划的重点项目，属于研究现实问题的课题共 100 个，约占总数的 40%。我院承担的 87 个课题中，属于研究现实问题的重点课题，只占总数的 37%。这种情况，应当引起我们的重视。

今年是党中央提出开创社会主义现代化建设新局面的头一年。如何来开创这个新局面呢？对我们中国社会科学院来说，就是要深入研究社会主义现代化建设各个方面所遇到的新情况和新问题，从理论上做出科学的回答，并积极向党中央和国务院提出我们的建议。乔木同志在 7 月 4 日院党组召开的座谈会上就讲到了这个问题。他说，现实生活中有很多问题，需要我们去研究解决。比如，经济体制改革、城市摊贩的管理等，我们可以排一排队，看哪些最重要，然后去研究解决。如果我们解决了这些问题，就会改变我们社会生活的面貌，人民就会感谢我们。我们中国社会科学院应有一部分同志来研究这方面问题，这也与中国社会科学院的信誉有很大关系。7 月 5 日，乔木同志在两个科学院联合召开的党员科学家座谈会上又说：党员科学家要勇于站在马克思主义立场上，同错误的反动的思想和倾向作斗争，与之划清界限，这样才能同党中央保持一致。对于党中央的政治主张，党员科学家不仅要积极去实现它，而且要进行科学的论证，进行有力的宣传。当前，社会科学方面光从理论上阐明党中央的政治主张是不够的。乔木同志的话，是对我们的批评和鞭策。如果我们的哲学社会科学工作者，对当前全国人民正在从事的社会主义现代化建设事业的伟大实践，不予以足够的重视，不去满腔热情地进行调查研究，那么，我们不仅不能解决现实生活中的重大理论和实际问题，而且对党中央提出的我们必须坚持的四项基本原则和政治主张，也就难以用丰富的事实来做出有说服力的论证和宣传。不仅如此，我们还认为：社会科学是一门研究整个社会现象、社会历史运动规律、包罗很广的科学知识体系。而马克思主义的社会科学，是我们党的指导思想的理论基础，是党制订总的路线和各项具体方针、政策的科学依据。我们如果忽视马克思主义基本理论的研究，忽视对现实问题的研究，又如何来发展马克思主义的理论？又如何为现代化事业做出贡献！？

因此，对于我们社会科学的各个学科来说，都有如何摆正基础理论与现实问题研究的关系问题。中央一再明确指示："必须加强对应用科学的研究，重视对基础科学的研究。"现在在我们有些研究人员中，忽视对马克思主义基础理论的学习和研究，和不注重调查研究、脱离实际的两种倾向都存在。有些同志不愿搞现实问题的研究原因也很多。有历史和现实的原因，也有认识上的原因。比如，我们有些科研人员，常常把研究工作同宣传工作对立起来。现在理论宣传工作赶不上形势的发展，思想战线的问题不少。由于这些问题得不到及时的有说服力的解决，使从事政治思想和理论教育工作的同志感到苦恼，而解决这些问题并不是轻而易举的事情，而是一项艰巨的任务。小平同志说过："这不是改头换面抄袭旧书本所能完成的工作，而是要费尽革命思想家心血的崇高的创造性的科学工作。"我们作为理论工作者，有责任、有义务去研究解决这些问题。要解决这些问题，一方面要教育我们的科研人员认真学习马克思主义的基础理论，特别是中青年科研人员，要用马克思主义的立场、观点、方法来观察世界，分析问题，同时又要面向实际，深入实际，把理论和实际结合起来。应该说今年上半年以来，不少研究所对面向实际的问题开始重视了。有些所根据院务委员会第五次会议的要求，有计划地组织了科研人员深入基层，面向实际，调查研究。有的所领导亲自带队，有的写出一些有分量的调查报告，有的还正在筹建固定的调查基地。我们的一些刊物，也注意发表了一些针对当前实际问题的文章。这是一个良好的开端。我们希望，积极从事现实问题的调查研究，在我们中国社会科学院能够蔚然成风！

　　为了更好地体现这次中央工作会议的精神，党组提出以下意见，请大家考虑：

（一）要总结编制"六五"计划的经验，以便今后在制订"七五"计划和后十年规划中加以改进。"七五"计划和后十年规划，必须根据国家的迫切需要和实际可能来安排，重点要突出，战线不要太长。方法上要采用自上到下，上下结合来搞。要像力群同志最近指出的：要和实际部门联系，请他们出题目，经专家、学者充分讨论，然后组织有关方面协作"攻关"。

"七五"计划从内容上来说，不但要包括重点项目，还要包括新的学科和研究机构的设置，科研队伍的培养和发展、图书资料情报工作、经费和基本建设等。这一工作准备用一年的时间，到明年 6 月底完成。希望大家共同努力，把这个计划搞好。

（二）对我院列入国家"六五"计划的重点研究项目，必须加强管理，解决目前管理松散、责任不清的问题。党组认为：凡是列入国家"六五"计划的项目，必须在保证高质量的前提下，如期完成。我们不希望出现这样的情况：到了 1985年，全国其他战线都提前或如期地完成了国家"六五"计划，而唯独我们的社会科学战线是一个例外，拖了全国的后腿。更不要出现这种情况：别的部门、别的单位承担的社会科学"六五"计划的重点项目完成了，而我们承担的项目却没有完成。

但是，要把计划变成现实，需要我们做出艰巨的努力。这里除了必须建立一套严格的科学的管理制度以外，还必须如陈云同志在这次中央工作会议上所提出的："大家一齐来支援重点建设，支援骨干项目。"集中我们的人力、财力、物力，来搞好重点项目的研究，特别是那些对国家的社会主义现代化建设和精神文明建设有着重大意义的项目的研究。同时，对列入国家长远规划的项目，还要落实到所、室、组、人，建立严格的责任制。从所来说，是所长负责；从具体科研项目来说，就是这个项目的负责人负责。至于院、所的重点项目，也要参照这个精神来建立责任制。这样也就为我们建立对干部和科研人员的考核、奖惩制度打下了基础。请各所根据这个精神，对今年上半年的科研计划的执行情况，进行一次认真的检查。同时，要安排好下半年的科研计划。

（三）要切实办好《中国社会科学》，办好出版社，办好《要报》《学术动态》，以及其他的刊物。党组之所以提出这个问题，是由于这些刊物刊登的文章，或出版的著作，是我们科研成果的凝聚，也就是"最后产品"。有的是面向全国和世界的，有的是面向学术界的，有的是面向中央和国务院的领导同志的。因此，这些刊物和出版社出版的著作质量高低，不仅关系到对两个文明建设的影响，关系到社会科学本身的发展，也关系到我院在国内外的声誉。最近党组听取了办公室对《要报》编辑情况的汇报，做出了加强《要报》工作的决定。各刊物图书也要根据这个精神，采取相应的措施。今后还准备分别研究《中国社会科学》杂志和出版社的工作问题，这里就不再讲了。

（四）在积极完成国家计划项目的同时，要积极完成中央和国务院交办的其他任务。乔木同志多次提出，希望中国社会科学院能起到党中央、国务院忠实的得力的助手作用。要起到这一作用，当然也包括完成中央和国务院交办的其他任务。党组认为，应该承认：我们最近这几年在这方面做得很不够，甚至可以说做得很差。比如，从理论上阐述"坚持四项基本原则""四条保证"的文章，批判资产阶级自由化倾向，论述坚持计划经济为主、市场调节为辅的文章，以及最近的关于人、人性、人道主义、异化问题的讨论，等等，我们中国社会科学院科研人员发表的文章就很少。当然，也不是说一点儿也没有。比如，最近中央宣传部要求我们编辑的关于人道主义问题的五本资料已经接近完成；乔木、力群同志要我们出版社编辑出版的《当代中国》大型丛书，到目前已有 63 个单位承担了 112 卷的编写工作。其中我院承担主编的有六卷。但是，从我们现有的科研人员的数量和水平、中央对我们的希望来看，我们对当前重大理论问题和实际问题的研究，以及社会上一些错误倾向的批判，确实做得不够，这种情况必须改变。今后我们要加强对党的基本主张的论证工作，要加强对干部、群众、青年中思想问题的研究，要批评各种错误思潮，为两个文明建设做出我们的贡献。

二　关于机关整顿和行政管理体制改革的问题

去年我们搞了一年的机构改革。今年上半年，在去年机构改革的基础上，又进行了"三定"，对各类人员的培训工作也已陆续开展。例如，助研以上人员的英语培训班，图书资料、财务会计、档案管理人员的轮训班，以及初中以下人员的文化补习班，都已陆续开办。应该肯定，在机构改革方面，大家都做了大量的工作，取得了明显的效果。现在院、所两级的领导班子，在年轻化、专业化、知识化方面迈进了一大步；行政机构精简和人员精减有了初步进展。但是，正如中央领导同志所指出的，机构改革是一场革命，必然会遇到很多困难和阻力。特别是，这次机构改革是在现行经济管理体制还没有进行彻底变革的情况下进行的，因此不彻底也是难免的。我们各级领导干部还常常陷于日常事务，忙于开会、签发文件，忙于解决一些扯皮的问题，不能集中精力去研究一些重要的问题，去研究和加强我们队伍的思想建设，因而，过去的忙乱、被动、效率不高的情况，还没有根本改变。这些问题，有些要在今后改革管理体制的过程中上下同心同德，振奋精神，共同努力来加以解决。我们的科研大楼年底可以竣工，明年有一部分所可以搬进去。这里就有不少问题亟待解决。为了使我们改革工作同机关的整顿工作很好地结合起来，各项工作有一个崭新的面貌，我们提出下面几个问题，请大家研究。

（一）关于行政管理体制的改革问题。今年 6 月，中央书记处在《中央和国家机关机构改革工作小组汇报提纲》的纪要中指出："现在各部门、各单位都有自己的一套'小而全'的服务机构和设施"，产生这种状况，有其复杂的原因，要克服这种弊病，也需要有一个过程。中央认为，要"解决这个问题，可以考虑采取以下步骤：第一步在有条件的单位，使后勤服务工作同机关分开；第二步逐步打破部门的界限，按地区联合；第三步逐步过渡到社会化"。从这里可以清楚地看到：服务工作的社会化是今后发展的必然趋势。根据这个精神，今后我们进入大楼的单位的行政管理工作，包括财务、文具纸张的采购、房屋维修和管理、收发、传达、打字、复印、汽车的使用、厕所和楼道的卫生管理等，是维持现在的"小而全"呢？还是采取集中管理？如果是集中管理，那么是全部集中，还是一部分集中、一部分分散？我们认为，集中管理是方向，但是又必须保证工作方便，既要精减人员，又要提高工作效率。有些项目，如财务管理，集中以后又应保证各所的自主权。再一个问题是我们机关的有些服务设施，如食堂、理发室、澡堂等，要不要同机关分开？同机关分开后，又如何保证以更好的服务态度、更高的服务质量为职工服务？等等。对这些问题，我们的机关事务管理局要提出方案，征求大家的意见，大家有什么想法也可以提出来，供我们在第四季度中研究确定。

（二）关于加强科研工作的管理问题。现在，全国哲学社会科学规划领导小组已经决定设立一个办公室，专门负责全国哲学社会科学的长远规划和"六五"计划的组织工作。我们院的科研工作，如何加强计划管理，包括对已列入国家"六五"计划的项目，院的重点项目，以及所的重点项目，如何建立严格的责任制，如何建立正常的科研工作的秩序，等等，也需要研究解决。院里要考虑，所里也要考虑。我们在院务委员会上曾经作过这样的决定：凡在物质条件允许的情况下，研究所的所长、副所长，处、室的负责人，以及除年老体弱、有特殊情况的人员外，所有副研以下的科研人员，必须坚持坐班制。据了解，有些单位尽管也具备了条件，但并没有认真执行。由不坐班到坐班，是一个大的变革，有阻力并不奇怪。关键在于我们各所的领导同志如何来对待这个问题。不坚持坐班制，确实存在不少问题，主要是所的工作处于无人负责状态；科研队伍组织不起来，处于各自为战的状况；对科研人员的思想、工作情况，无法进行全面考核；图书资料不能调剂使用。同时，对党政、后勤人员也有不好的影响。实行坐班制是个有关科研人员的精神状态的问题，同加强组织观念、劳动纪律和集体研究有密切关系。过去我们限于条件，没有实行坐班制；现在科研大楼盖起来了，我们是否仍然不坐班，让房子空着？对于这个问题，院党组的态度是一致的、坚定的。

（三）关于整顿机关风气和整顿思想作风的问题。近几年来，我们行政和后勤部门的同志，在为科研服务、为全院职工服务方面确实做了大量的工作，成绩是显著的。就拿大家关心的基建工作来说，最近二三年，除了完成了近代史所大楼等办公用房以外，已经交付使用的宿舍不下 800 套。今年除了第一季度已经分配的干面胡同、皂君庙宿舍外，还要争取再分配 405 套。学术报告厅、研究生院也有希望在下半年内动工兴建，这确实来之不易。其他方面也是一样。因此应该肯定，我们行政、后勤部门的大多数同志工作辛辛苦苦、兢兢业业、任劳任怨，在为科研工作、为职工服务方面做了大量工作。但是，毋庸讳言，确实也有相当一部分同志劳动纪律松弛，工作吊儿郎当，目无组织，想干就干，不想干就撂挑子。有些人完全是"向钱看"，有奖金还干点儿工作，没有奖金，或者奖金少了，就消极怠工。有些人做一点儿工作，就讲条件，要吃、要住，不能满足，就不干。工作扯皮、拖拉的现象更为普遍。还有少数人，态度恶劣，撒野、谩骂、打人。在科研人员中，学风不正，追名逐利，甚至抄袭他人的文章等恶劣现象也还存在。对这些情况，我们有的干部不敢管，甚至还一味迁就。这也反映了我们领导的软弱无力。今年《组工通讯》第二十五期上，刊登了中央领导同志一段批语："现在我们一些部门不抓本部门队伍的这种建设（按：指思想、作风、组织建设），只单纯抓业务，这种办法不行。还有些同志对本部门队伍的思想、作风、组织状况很不了解，即使了解一些问题，甚至了解到一些严重的不正之风，也不敢讲，不敢批评，不敢坚决斗争，业务怎么能上去？要改正这种不好的做法，要经常抓，一级一级地抓，有些事要抓住不放，一抓到底，要下决心，力争尽快地使本部门队伍的党风有根本的好转，这要作为观察各部门是否打开了新局面的一个很重要的内容。"我们上面所说的情况，正是中央领导同志所批评的。中央领导同志还把抓好队伍的思想建设，提到能否开创新局面的高度来加以认识。因此，我们希望在 1983 年下半年，结合行政管理体制的改革，我们上下左右一起来下决心，对我们机关行政来一次认真的整顿。在整顿的过程中，来考察我们的队伍，来加强我们队伍的思想建设。好的要表扬、要奖励，少数优秀而又符合条件的破格提拔，不好的要批评，情况严重的要调离，个别情节恶劣又拒不改正的要处分，甚至开除。对处、室干部也要整顿，不称职的，该调的要调，该撤的要撤，有的要通报全院。希望我们大家在这个问题上，都下一个狠劲，否则风气不能好转，机构改革的目的和开创新局面也就难以实现。

三　关于整党的准备工作问题

今天参加会议的除了院务委员以外，各所分党组书记也来了。因此，想借此机会，简单地讲讲如何做好整党的准备工作。

从今年 5 月院机关党委第五次扩大会议以后，各单位先后着手分期分批对党员开始了轮训工作。现在已经轮训了 2100 多人，占全院党员总数的 82%。从轮训中看，大多数党员经过学习，思想上有所触动，有所提高，但是确实也暴露了一些问题。我们认为，只要我们各所的分党组是团结的，是强有力的，那么这些问题是不难解决的。为什么特别强调分党组呢？因为绝大多数单位的分党组，都是由党、政主要领导干部组成。分党组是否团结、是否坚强有力，不仅关系到全所的工作，也关系到今后整党能否达到预期的目的。党组认为，要做好整党的准备工作，首先要把各所的分党组、分党委建设好。只有这样，才能通过整党，达到端正党风，增强党性，提高党的战斗力的目的。

从这次各单位分党组同志学习中共中央四号文件的情况来看，总的说来是好的或比较好的；也有少数单位基本上是走了过场。但是即使如此，也反映了不少问题。有的闹不团结，相互间坐不到一起；有的民主集中制执行得不好，书记个人说了算，搞一言堂；有的涣散、软弱，对一些错误倾向，不敢斗争，不敢坚持原则；有的甚至还留有派性的痕迹。这种情况如果不改变，整党工作又怎么能顺利进行呢？党组认为，我们各所的分党组要使自己真正成为全所的一个坚强的领导核心，办法只有一个，就是靠自己，加强自身的建设。具体来讲，就是要认真学习党的方针、政策，提高自己执行党的政策的自觉性，坚持按照党规、党法、党的原则来办事。在分党组内部，要坚持民主集中制，搞群言堂，不搞一言堂，特别是分党组的书记，要虚怀若谷，能听取各种不同意见，这样才能集思广益。再一个是，分党组也要建立严格的组织生活制度。"文化大革命"这十年，确实把我们党这个好的制度给破坏了。因此，包括我们一些老同志在内，批评与自我批评的武器荒疏了，听到一些不同的意见也感到刺耳了，只自己发号施令，而来自别人的监督就感到不那么舒服。如果我们党员、领导干部不过组织生活，那么岂不同当年孟什维克在这个问题的主张一致了？院的党组这次在学习中央四号文件时，就连续开了四次生活会，每个成员都进行了对照检查，作了自我批评，相互间也开展了批评，大家心情都比较舒畅，认为这种会应该经常开。因此党组作了一个决定：今后不管怎么忙，要坚持每季度开一次民主生活会。我们希望各所的分党组也能建立这样的制度，经常交交心，进行批评与自我批评。这既有利于本人，也有利于工作。在这方面，我希望老同志要带好头，这也是传帮带的一个重要内容。

关于陈云同志在中央工作会议上讲到的干部第三梯队的建设问题，这是全党的一件根本性大事，也是中央多次提到的。我们的第三梯队的建设，主要是指领导干部队伍的建设。但同时也要考虑科研骨干、编辑骨干、辅导导师的建设。这是关系到今后中国社会科学研究事业繁荣发达的大事，我们希望，从院的党组到各所的分党组，都要把这件大事放到重要的议事日程来抓。

四　关于学习和宣传《邓小平文选》的问题

最近《邓小平文选》已经公开出版，这是党中央为了全面加强党的建设、为了胜利推进社会主义建设事业的一个重要决策，是全党的一件大事，也是我们理论界的一件大事。

《邓小平文选》，是毛泽东思想的继承和发展，是建设有中国特色的社会主义的纲领性文献，是制定党的路线、方针、政策的理论基础，学好《邓小平文选》不仅对于提高我们党员、干部的马列主义毛泽东思想水平，加深对十一届三中全会以来的党的路线、方针、政策的理解，加强全党的思想统一，有着重要的意义，而且对于研究中国特色的社会主义的正确道路，认识我们党在新的历史条件下坚持和发展毛泽东思想的新成果，也有着重要的指导意义。因此党组希望，今天到会的同志，都要认真学习，并要把学好《邓小平文选》放在首要的地位。学好《邓小平文选》，就有了思想武器，就可以统一思想，就能做好当前的各项工作。同时各级党委也要在今年下半年认真组织全体党员、干部进行学习。对于学习的要求和方法，院机关党委已作了具体安排，请大家认真抓一抓。

对于科研人员我还想提一点要求，就是希望大家在学习《邓小平文选》的基础上，结合专业和研究的课题，能够确定若干题目，进行深入的研究和讨论，然后写出若干篇论证和阐发《邓小平文选》的有分量的理论文章。这也是我们社会科学工作者的重要任务。不仅我们党组的同志要带头，各所的同志也要带头。各刊物的编辑部今年下半年的编辑计划中，也要把宣传和学习《邓小平文选》放在重要的位置，要组织和撰写这方面的文章，配合有关部门做好理论宣传工作。

纯洁党的队伍　做好党员登记

——在中国社会科学院分党组成员大会上的讲话

（1984 年 2 月 2 日）

同志们：

最近两天，院整党指导小组听取了党员登记阶段的情况汇报，并进行了分析研究。今天我主要讲一讲党员登记这一阶段开始以来的情况。在我们院的 46 个所级单位中，党员登记已经结束的有农经所、日本所和研究生院的学生支部，这几个单位的党员占全院党员的 79%；大部分单位也就是有 37 个单位，正在进行党员登记，这些单位的党员占全院党员的 79.1%；正在对照检查或对照检查刚结束的单位有拉美所、技术经济所、近代史所和文改会，这几个单位的党员占全院党员的 9%；语言所正在对照检查，经团联正在学习文件，南亚所还没有开始，这几个单位的党员占全院党员的 41%。

分析党员登记开始以来这一阶段的情况（前一部分是根据记录整理，以后是根据录音整理），看起来我们许多所，特别是分党组的同志，分党组的书记同志，对于这个工作是很重视的，好多事他是自己挂帅，认真抓这个事情。我们经过一年的整党，现在是到了组织落实的时候了，大家重视这个工作，认真抓这个工作，这是完全必要的，也是正确的。做好了，我们这个整党就大功告成。但是如果党员登记做得不好，要返工，那就可能产生的后果比较严重，这样做的话，免不了说我们整党走过场。因为组织落实，是一个非常重要的问题。中央一再强调，对于党员登记这个事情，要郑重，要认真抓，几次都提到要郑重审理。我们这个党员登记工作，按照中央的整党决定，要保持党的纪律，保持党的纪律的严肃性，通过这个党员登记，达到纯洁组织，提高我们的战斗力，发挥我们支部的战斗堡垒作用、党员的先锋模范作用。这个事情既要认真严肃对待，又要做到实事求是。

我们中国社会科学院，在"文化大革命"时那是全国有名的一个单位。我们起得那种"坏"的影响，绝不只限于学部，也绝不限于北京，应该说有全国规模的影响。因此在这一次我们的党员登记中间，对于这个问题确实要很认真地对待。登记处理有关的问题，既要教育本人，同时经过这一次的处理，也教育我们全党的同志。做好了，我们可以紧密地团结在中央的周围，为我们四个现代化做出贡献，开创我们的新局面。

可是看起来，我们有些单位的领导同志，对于登记的重要性、重大意义，还是认识不足，重视不够。我听到了很多例子，我只说这么一两个事情。譬如说某单位的一名党员，造反派的头头，当时跳得很高的，他不但在许多方面跟中央不一致，而且在公开场合，辱骂中央领导同志。这是在"四人帮"垮台以后还发生的一些事情，还有别的一些情况，我这里就不多说了。可这个单位的所在的支部同意他登记。这个单位的分党组书记不同意他登记以后，他就找这位书记大声威胁：如不让我登记，三天以后要叫你好看。像这样的人，你说该让他通过还是不让他通过，可是我们支部就通过了，这是一个例子。另外一个例子，就是有一位工人，工作极端不负责任，有一次开车还把一个负责的同志丢到半道，说车坏了。车子坏了，自己又怎么把车子开走了呢？他就是这样子。这样的事太多了。还有偷油，还有搞别的许多名堂，安排他这个工作也不干，安排他那个工作也不干。不单是对抗，而且是做出了许多事，连一个一般群众都不如。就这样一个人，分党组还有人说"这都是过去的事情，就算了吧！"其实不是过去，有些还是1月份发生的事情。你们说对于这样一些人，如果我们就同意他登记的话，这个整党会得出一个什么样的结论呢？

我们很多同志把关把得很严，分党组书记把关把得更严。但是为什么我们的支部通过他作为一个共产党员让他登记呢？这个问题很值得我们思考，也很值得在今天的会议上告诉同志们，请你们研究一下，在这次登记中，支部是不是真正起到了一个战斗堡垒的作用。从登记这个事情来讲，有些支部是有这个情况的：一是怕得罪人，特别是像我刚才讲的那些很嚣张的人，怕他们，算了，我让你通过；另外，有的分党组书记怕得罪人，往上推；另一个意思，就是确实支部里头有些和事佬，有些怕碰硬；再有些就是好好先生，支部根本没对这次党员登记采取慎重认真的态度。我们想在这个节骨眼上，提醒一下各个分党组的领导同志，对登记这个事情，眼前正在进行的这个工作，我们要很认真对待这一问题。不要在这个问题上出毛病、犯错误，使得我们整党这个工作功亏一篑。

登记这个工作，是交给分党组负责的。登记工作做得如何，是否出问题，分党组都要负责任，特别是分党组书记要负责任。党员的处理主要是靠支部。因此，我们的分党组要认真抓好支部的工作。对那些支部的领导软弱的，要帮助他，要扶他一把，必要时给他批评教育，让他这个支部能够真正地发挥战斗堡垒作用。当然，如果有事情，可以跟院整党指导小组商量，有些难题，有些一时不容易解决的，也包括有跟其他单位平衡的问题，可以与院整党指导小组进行联系。但是整个的工作，正如整党的工作一样，还是交给分党组负责；而且分党组书记就要把这个关。这一条今天我们也说清楚。这里面可能会有些比较特殊的问题，分党组解决起来觉得有困难，就跟院整党指导小组，甚至跟院党组一起来研究讨论这一问题，这是必要的。但是还是要讲清楚，这个任务是交给分党组负责的，还得由分党组的书记负责，这早有明确。我们希望在这事上不要再有什么含糊。

根据整党的决定，有这么几种做法：一种是登记，即可以登记；一种是不予登记，这个包括"三种人"在内，是不登记；一种是缓期登记，缓期最多两年，一年也可以，两年也可以，这是第三种。现在我们再多加一条，叫作暂缓登记，介乎登记和缓期登记之间。这是我们机关采取的一个办法。暂缓登记就是在一个人的问题一下子没有搞得很清楚，或者是有些问题需要进一步研究之前，别忙，留下来研究后面处理。暂缓，这个暂缓既不是缓期，也不是登记，是介乎缓期登记同登记两者之间。当然，这个暂缓登记有个时间性。缓期登记是一年、两年，我们的暂缓登记不能是无限期的，最多只能是一年。但我们希望不要搞得那样长。暂缓嘛还有个暂，还有个期限。假如是三个月或长一点时间，我看还是可以的。这样可以让我们分党组把许多事弄完了以后，腾出手来再专门研究处理这个问题，那么对这个党员就说，你的问题我们正在研究，正在调查，正在讨论，别人登记了，或者缓期登记了，你呀暂缓，等个人的问题弄清了以后再登记，作暂缓登记，采取这么一个办法。

为什么不登记，为什么缓期登记，包括我们为什么还要采用暂缓登记呢？就是因为这个共产党员他犯有各种错误，或者是生活上腐化、蜕化，以及其他的毫无责任心、不守纪律、长期不缴党费，等等，各方面的，他不符合党员的标准。因此我们应当按他错误的性质，按他错误的情节、错误的轻重，采取不同的措施。那么，甚至很严重的，我们现在暂不包括"三种人"。除开这"三种人"以外，看他的错误性质是不是很严重，是不是到了反对党、危害党，有那"三种人"种种做法的地步。如果是有这样的一种人，有这种情况，可能在一些方面他还跟那"三种人"不完全一样，但是情节是比较严重的，那么对这种人，我们应该采取一个什么措施？比如说是缓期登记，缓期登记实际上就是留党察看。是不是采取这个办法，因为他还没有定成为"三种人"。有一种是比较严重，但是跟前面讲得比较是轻一些。这些问题我们总要有个区别。

另外一个还要看看，这些人的错误究竟是不是一贯的。这个"一贯"，是一贯在"文化大革命"开始，一直到"文化大革命"后期，一贯如此，他是一个"一贯"；还是"文化大革命"的时候一贯如此，"文化大革命"以后，十一届三中全会以后也还是那样子，这也是一种"一贯"。后边这"一贯"并不是没有啊！我们这里面搞派性的，在"文化大革命"的时候搞派性，"文化大革命"后到现在还是在搞派性，这叫"一贯"。是这三种情况。有的人在"文化大革命"开头跳得很高，以后他就退下来了，当逍遥派，十一届三中全会以后他表现得很好，这是一种；他跳得很高，十一届三中全会以后他也没有什么好的表现，但是他也没搞过什么坏的活动，这也是一种。要根据各种不同的情况，看看他工作上的表现如何，是表现得好呢还是表现一般呢，或是表现很坏呢，等等。我觉得这些都应该根据情节的轻重来分别对待。

在整党中间这个党员他的认识怎么样，他的检查怎么样，这个检查里头包括他对自己的问题是不是谈清楚了，跟他有关的别的问题是不是谈清楚了。这问题也是我们了解这个党员、有错误党员、犯严重错误的党员他的具体表现的一个标准。他的工作表现如何，他的认识如何，他检查得怎么样，这里面有些小事情我们就不要去计较，用不着花那么多工夫考核一些小事情，但大的事情我们还是要搞清楚。这些同志在这一次整党中态度是不是老实，是不是有转变的决心，是不是有转变的表现，是不是勇于接受党的考验，这是一条。中央整党决定中提到，"有没有转变的决心，有没有转变的表现，是不是勇于接受考验"，为此我给你缓期登记一年到两年，假如你连转变的决心都没有，也没有转变的表现，你工作上不愿意接受党的考验，那么像这样的同志，就无所谓缓期登记了。因为他本来就没有任何表现向你证明他是愿意接受处分，来改正他自己的错误的，没有这样，那么我们采用缓期登记。这个缓期登记就是要让他有个改正的机会。如果他本人不愿意改正，毫无这种表现，你给他缓期，那有什么意义呢！当然，从我们来讲，我们要尽一切力量来挽救一个犯错误的同志。这一条我们千万不要动摇。我们要有团结的愿望，我们要尽可能把那些犯了严重错误的同志拉回来，毕竟我们党里多一个同志还是比少一个同志好。但是这件事要讲原则，不是不讲原则。那么对这个犯错误的同志，他有转变的决心，他有表现，他又愿意接受考验，那么我们给他一个缓期登记的机会。至于那些情节不是那么严重的，我们就要针对他的不同表现，做出不同的处理。那么有的就登记，有的就可以受了一定的处分以后再登记，譬如说给他警告，甚至是严重警告，给他处分以后让他登记也可以。这方面可能包括这么一个问题，有个别的同志有严重错误，工作又表现得不错，现在确实也有改正的决心和表现，但是有的同志就恐怕不一定要叫他做行政的领导工作了，这个由具体的情况来定。至于那些缓期登记的，等于留党察看的，像这样的人，在我们里头应该尽量缩小这个范围，人数不宜多。但是该受这种处分的，该缓期的，或者该不予登记的，那么我们也应该按原则办事。不要在这里头有什么大事化小，小事化无的态度，这是不行的。

对于那些一时有些问题搞不清楚的，一时弄不清楚，在整党过程中间他不抵触，也不对抗，表现得还是不错，还是有进步的，但是总的讲起来他还不够党员标准的，那么我们就要帮助他，等待他。我们要根据他的错误的不同性质来区别对待。我们要尊重事实，而且要做到合情合理。尽量能够多团结一些人，包括那些不予登记的人，我们都要做他的工作，让他好好做一个好的公民，做一个好的老百姓。当然他没有资格当党员了，希望他能做一个好的老百姓，做一个好的公民。连这样不予登记的人我们都要认真做好他的工作，对暂缓的我们还是要做各种工作给他一个帮助。是不是支部订一个计划，帮助这样的人的计划，根据不同的人订下不同的计划。党支部经常能做他的工作，能够最后挽救他一把，把他从错误里头拔出来。

　　我们这次虽然有人不予登记，有人缓期登记，对这些人我们还是要尽可能地挽救他、教育他。哪怕他不够一个党员的标准，还是要做好一个普通公民。这方面我想我们大家要做到仁至义尽。这样做对犯错误的同志是个教育，对于我们党内其他同志也是一个教育。

　　这里面有一个所谓平衡的问题，这个平衡是很难讲的，绝对的平衡是没有的。我们中国社会科学院的"三种人"，或者是我们这个社会科学院受开除党籍处分的，"文化大革命"期间是骨干分子，他们处分得轻重都不怎么平衡。当然这不是我们自己做出决定的。绝对的平衡是很难的，在我们这个机关不同单位，我们尽可能取得平衡。但是很难说这个人跟那个人，那个人是怎样处理，这个人也应该同他一样，保持平衡。我觉得要根据具体情况来作决定。而不要拿平衡作为一个理由，可以有不大平衡的地方，不可能避免特殊情况。不要拿平衡作为一个借口，作为一个处理的标准。何况我们院里跟其他单位也很难保持平衡，老实讲，在我们这个"文化大革命"的重灾区，我们有些不好定"三种人"的，这种人在别的单位早就定位"三种人"了。假如我们这里有些人到别的单位会定为"三种人"，为什么我们这里不定为"三种人"呢？这个不是说我们降低了这个标准，而是有很多具体情况需要考虑的。对于这个问题我希望同志们要尊重事实，要有区别，但也不要强调平衡的标准。

　　最后我要说的一点是在处理这个问题的时候，在做出这个结论、决定的时候，一定要跟犯错误的同志本人见面，要听他的意见，而且一定要经过支部大会做出决定。当支部大会有不同意见，应允许充分地讨论，当然支部大会应该有计划地开了，但事情一定要经过支部大会做出决定。同时有一些人要按规定报上级批准。有些人你们分党组自己可以批，有的报上级批。千万不要背着他本人做出什么决定。我们要完全按照党章规定来办事。而且他本人有意见可以申辩，他不服可以上诉，他可以给中央整党指导小组写信——如不同意我们的决定，他有这个权利。我们处理这个问题一定要经支部大会通过，要同他本人见面，而且允许他申诉，允许他申辩。

我听了这两天的汇报，是想在这个会上指出：我们有些单位，还不是个别的，有些单位，有些支部，把关是不严的，存在一个息事宁人，当好好先生，回避矛盾，大事化小，把责任往上推的这种倾向。还有怕硬，怕得罪人，表现出很软弱，不负责任这样的一种态度。这个支部本身就不符合党章对党员的标准的要求，如果碰到了这样的一些问题，便采取回避矛盾，大事化小，或者不得罪人这样一个做法，首先这个支部就不符合我们党章的要求，这些党员就不符合党章的要求。一定要跟支部的同志们讲清楚这一点。

我希望今天开了这个会以后，各个分党组的同志，就在这个节骨眼儿上认真抓一下这个事情，我们这个整党会不会只走过场，看起来就在此一举。

上次我们讲春节前完成这个工作，现在我们再强调一下：这个时间不要讲得那么绝对，春节前能完成最好，但是要有数，认认真真地完成；如果完不成，再放长一点儿时间也可以，期限不要一刀切。我们不要赶，但也不要拖，能够搞完也绝不拖。至于个别的人，个别的事情，现在搞不了，可以往后一点儿，暂缓一点儿再处理它也可以。无论如何，趁这个机会，要把支部搞好，而且要把党员登记的工作做好，使得我们支部真正成为一个革命的战斗堡垒。

我要讲的就是这些意见了。

（根据录音整理）

实事求是　做好整党总结工作

——在分党组书记、联络员会议上的讲话

（1984 年 3 月 1 日）

今天请大家来，就是谈一谈我们整党总结。现在情况是这样子的：我们院里办完整党登记的单位一共是 24 个，已经开始并可以很快结束登记工作的 16 个，合在一起共 40 个，这 40 个单位当然有个别单位还需要做些补课。已参加党员的数目占全院党员数目的 89%，也就是说还只有几个单位现正在进行中，还没有进行到登记阶段。这里面有几个单位是我们代管的单位，像文改会、经团联，其他几个单位因遇到了各种不同情况，有的是因为负责人出国了，回来迟了，或是别的什么原因，现在仍在进行中。只有一个所——南亚所因为分家的问题，才刚刚开始。

另外，对"三种人"的问题，我们从原来一百六十几个人的名单里头，不断地调查，不断地根据我们了解的情况，决定绝大部分排除了，现在基本上可以定下来的，除开那三个人外还有少数人，这里既有可定为"三种人"的，又有性质很严重缓期登记的，还有个别受处分的，这个大概人数也不多。总的说起来大概有十个人。还有少数一些人因这个问题那个问题暂缓登记的，这个不算在里面，也就是说经过一年多的工作，纯洁队伍的问题基本上告一段落，基本可以结束了。

整个院里的整党的工作，还需院里做出个总结来，一直到现在为止，应该说我们整党的过程还是比较健康的，还是按照中央指示的精神来进行，而且应该说取得了一定的成绩。这里面我看按照中央整党的四个要求，关于统一思想方面，真正在思想上同中央保持一致，通过这次整党，在坚持四项基本原则、彻底反对"文化大革命"上，我们是取得了一定成绩的。在整顿作风方面，我们有一段时间，查了一下利用职权谋取私利的问题，也反对了一些不正之风，这个工作我们纪律检查委员会做了大量的事情，也包括我们党组成员，围绕这个问题，通过批评也取得了好的结果。当时有相当一部分同志说有人多占房子，或者是人事部门利用职权吸收了一些他们的子女等问题，我们也作了清查，是有少数或个别的同志在这个方面有毛病，我们也注意到这个问题，也给这个同志批评，不过严重的以权谋私的问题还是没有发现，这个我们已经有了些结果，可以告诉大家。另外顺便说些情况，有些问题在外边传来传去，事实上不是这样子，大概两个星期以前，我有一次接到了一个电话，有一个人向我质问：为什么中央拨给离休老干部几千平方米的建房面积，而且讲是中央哪个同志批的，为什么房子建起来后不分配给离休老干部却挪作他用，要我回答这个问题。我说没有这个事情。中央批给我们高干、高研宿舍问题，中央是批了，但是给离休干部拨基建面积是没有这个事情。我顺便提这个事情，是有一种传言，对这个传言有些同志不了解情况，因为这个事情是个真实的事情。今天上午中央组织部又来问，拨给离休干部的房子你们挪作别的用处了。看起来是有同志告到中央组织部了，应该说并没有这么回事，他们传得很广，引起了很多离退休干部有意见。其实房子困难大家都困难，不只是离休的同志困难。我们对离退休的同志是尽可能照顾的，但是对于那些双肩挑的、在工作中起骨干作用的科研人员老没引起注意呀，在这里讲讲不是说对离退休的同志我们可以不注意、不照顾，不是这个意思。在同一个机关里面，不能只强调一面，忽视了另一面。有意见可以提，有些不符合事实的，传来传去以为我们这里有什么严重的不正之风，经过我们纪委、党委多次调查，有个别同志有这个问题，但是严重的以权谋私的事情是没有的，有的我们已经公布了。在这方面也算我们机关查清楚了。当然，哪怕是有细小的谋私的事情那也是不允许的，但查的结果并不是有什么特别出格的严重的事情。在加强纪律防止派性方面，在反对"一言堂"，加强民主集中制等问题上，我们也做了不少工作。有个别所里的"一言堂"是相当厉害的，甚至在整党过程中，因为拒作自我批评，有时候相当长时间整党很难搞下去，这情况也存在。当然这个问题我们也要认真对待。在纯洁组织方面，刚才我已经讲了，对于危害很大的"三种人"，是既要很认真地对待，又要经过详细的核查，我想不久以后会向我们全体同志公布我们的结果。当然这个事情，有的还要经过中央统一批准以后，我们才能宣布。凡是这个问题，纯洁队伍包括极少数不像共产党员样子的，不符合条件的，劝他退党，不让他登记，这也包括在内。纯洁队伍这方面，在一年多来也是花了不少时间的。这里面有的是从外地调到我们这里的，因为地方整党还没有开始，调查起来有些困难，但是在我们这次要处理的人中间，也还包括个别从外地、外单位调到中国社会科学院来的，性质很严重的这种人。现在已经总算到了一个段落，讲起来对我们这次整党，照我看起来应该说是健康的，工作是有成绩的，但是也不能够说达到一个什么高标准，恐怕要等到整党结束后我们来做一个结论，我们认为在某些问题上还是不平衡的。所跟所之间不平衡，单位跟单位之间不平衡，单位内部各个支部之间也不平衡，支部里面党员跟党员也不是一样。个别的支部里头如果不认真补课，这次整党就是走过场的。我希望我们的同志都回顾一下一年多来的整党期间，我们各个支部是不是充分起到了战斗堡垒的作用。如果有少数确实整得很不好的情况，还是需要作补课。但是总的讲起来我们这次整党还是应该肯定。这里头有一条我们没有整任何一个党外群众，包括那些在"文化大革命"期间有罪行的人，因为他是党外的人，我们现在没有把他作为"三种人"，在这次整党里头没有给一个党外群众提出这样那样的要求，而且我们从来没有以"运动"的方式来解决我们党内的各种矛盾，我们还是绝大多数以批评与自我批评的方式，个别以党内纪律处分来解决我们党内矛盾的问题，从来没有用过去那种"运动"的方式来处理这个事情。

现在中央决定整党结束不需要验收的办法，但是要认真做好总结。关于这个问题，中央整党指导委员会的十一号"通知"同志们都看过了，我在这就不重复了。像我们现在登记已结束或登记快结束的单位，要进入一个总结的阶段。在这个时候，院整党指导委员会和院党组有要求，今天我简单地说一下，希望各个分党组、各个单位、各个局，也包括我们已经搞好了登记的其他单位，应该在整党要结束的时候有一个总结。我们倒不希望长篇大论，但是现在应该有个要求，就是要把总结的内容、总结的要求、总结的进度在分党组要做出一个安排。这个内容要求，十一号"通知"都写得很清楚了。根据你们的具体情况，把总结的内容、要求、进度做好一个安排，然后等党委做好总结动员的工作，再把我们的要求明确提出来，也通过这次总结工作，进一步提高我们同志的认识以及党的思想政治水平。我们有个想法：今天是 3 月 1 日，能不能够说到 3 月底，所有已经完成登记的单位，占 89% 党员的这 40 个单位，其他单位不算，根据你们的情况，能不能在 3 月底前，拿出两个星期左右的时间，这个我们不作具体硬性规定，请大家考虑，拿出大概两个星期的时间，集中每周的三、五下午或者一天，来解决这个问题，外地的问题除十一号"通知"讲的以外，我再提出以下要求。

希望我们在整党结束以前再努一把力，烧一把火，扎扎实实地深入地把我们整党最后一个阶段的任务做好。哪个地方还做得不够好，借这次来补课，尽可能地集中时间，做好在总结中应该做好的工作。我想提几个事情。

第一个还是要查一下不正之风，这个问题的重要性中央领导同志一再提，我也就不再说了。介民同志要传达一波同志讲话，他对这方面有比较详细的要求，为着要节省时间开短会，我也就不多说了。我只提一条，现在所谓不正之风，譬如说党政做生意的问题，我们这里的头头，好像不大可能有这种事情，可是有的单位恐怕还是得考虑一下，你们是不是也曾经提出过要做一种商业性的问题。虽然因为这个问题我们不同意没有做，但当初是有人提出了这个要求的。不能说中国社会科学院这个清水衙门就没有这个事情，不是，还有。那么如果有这个事情，现在是没有实现，但在思想上恐怕也该检查一下。如果是按照当初的想法做这样一些事情，那么对于我们的改革会产生一些什么样的影响，应该有足够的认识。事情虽然没有做，但动过这个念头，提出这个计划，因此虽然不见于事实，但思想上是存在这个问题的，我们希望这个问题还是要认真地检查一下。这个买空卖空，我想我们这里也没有什么可卖的，可是我看也不尽然，中国社会科学院不是一个孤岛，它受社会上多方面的影响，我们这里的头头也还有些人在这方面不大正当地做过这样一些事情，包括拿回扣这类的事情，把我们院里的要控制的一些什么东西，通过一些什么形式，纳入人家的"外快"，这跟买空卖空不一样，但是这种做法确实是一种不正之风，因为拿了外快结果还是公家受损失，私人占便宜、受贿。这个买空卖空、什么紧缺物资（我们现在没有紧缺物资）涨价我们现在也没有什么好涨价的，我们也没有什么货色。但是乱发奖金、乱发补贴的问题，要引起我们的注意，根据中央的规定，我们现在做这类事情里头有没有这类的事情，恐怕也应该很好地清查一下。至于损公肥私、铺张浪费（包括搞什么宴会、搞什么招待会等），听说我们还开了一些舞会，这个舞会究竟怎么样我也没有参加，也不大清楚。我们有没有一些会，确实属于铺张浪费的，哪怕铺张浪费不是太大的数目，如果是不符合过去政府规定的，搞的什么招待会，搞的什么茶话会，等等，所有这些问题也是查一下为好。还有提级、突击提干包括提工资，有的说是提工资，有的说是提高补贴，据我听说在中央宣布以后还发生了一些事情，这些事情我希望大家不要以为我们是个清水衙门就可以轻易过去。这种不正之风对于我们党的危害大家都是清楚的。为着巩固我们整党的成果，也为着对我们所有共产党员党性的考验，我们一定要认真对待在过去一段时间和目前正在全国刮得很厉害的不正之风，在这次整党中间加以检查、纠正。这个也是我们要同中央保持一致的一种最基本的表现，是我们整党中要加强纪律的一个重要的表现。这里我们想要跟大家说，如果确实有这类的事情，最好自己老实跟组织上说清楚。如果发现你讲的跟事实不符合，单位的领导同志就要负责。因为这不是我们中国社会科学院的规定，这是中央的规定，在省长会议中这一条被特别地强调。今天我们在这里先讲这一条，在这里先打个招呼，不要说我们严之不义，先把这个问题讲清楚。这个单位的领导同志要负责，单位的上一级也要负责。虽然都要负责，但程度有不同，主要是实际单位的领导同志负责。我们最好通过纠正来提高我们的党性，来保证党的纪律通过这次整顿好能够加强。总的来说，就是要我们所有的同志认清楚这一点。我们机关的各个单位，虽然是跟那些工业部门、财贸部门不一样，也还不是说一点儿不正之风也没有，不需要我们做什么检查，绝不是这样的情况，这条我想作为我们这次总结中间的一个内容。我们这次整党就结束了，就转到今后怎么建立、怎么健全党内的组织生活了。当然将来也还要有些事情要处理，但在做总结工作的时候，特别在目前我们要很正确地对待这件事情。我想同志大概也知道，过去一些事情风刮得很厉害，很多人心里头多多少少会受一些影响。但是，党中央决心抓了，情况还是应该改过来的。不要以为这个不正之风在全国刮得比较厉害，我们这样做就不犯什么错误，千万不要这样讲了。曾经有一段时间在北京强奸、抢劫、杀人，闹得不是很厉害吗，不久以前，我们对社会上各种违法犯罪分子来了一个紧急处理，公安部门发动几次打击高潮，现在这类情况和过去比起来好多了。在"四人帮"垮台以后，我们党内有些人也有各种错误的讲法，也包括有些人对四项基本原则的怀疑，曾经有一度风刮得挺厉害，中央一抓了以后，情况也有很大的改变。好多次好像表面上这个问题成了很大的问题，但是中央下决心抓了以后，这问题也得到了解决。这次这个不正之风也是一样，社会上这股风刮得挺厉害，中央下决心抓，通过这次省长会议做出的决定，中央纪律检查委员会、中央整党指导委员会也抓了这个事情，特别第二期整党已经作为一个中心点，我们相信，现在的这种不正之风还是能够得到纠正，虽然不见得能够一下子彻底纠正。

第二个是再重新学习一下整党文件。要再学习一下整党文件的第一、二、三、四部分。另一个是整党的四项任务，另一个是验收整党的五项标准，所有这些东西，我希望我们分党组领导同志应再看一遍。我最近多次把这几个文件好好地学习了，我觉得每次学习都有收获，希望我们各个分党组的同志，包括我们所有参加整党的党员，学习文件，以文件作为镜子来对照我们自己，这样做，有个好处，使我们的整党做到更符合中央对我们提出的要求，更符合我们整党的标准。这是学文件。

第三个问题，希望在这次活动中，挤出一点时间听听党外群众的意见，可以是开会的形式，也可以是谈心的形式，都可以。要"重价"征求一下对我们整党的意见。现在有些同志对我们整党有各种讲法，我们各个单位党外的群众对于我们整党会有看法的。一般讲他不大肯发表意见，但如果我们真正诚恳地向他提出要求的话，也许能听到一些意见，而这意见对我们整党会很有好处的。要"重价"地听取别人对我们整党的意见。如果提出的意见很对，过去我们没有做好，这次在总结中也作为一个问题，这次要做好总结工作，通过群众的帮助，就能够得到改善。

在这里我们特别强调一下纪律的问题。这个纪律是我们整党的四个任务之一、四个要求之一。纪律在我们机关里应该说是相当松弛的，党内纪律，有些决定是下级服从上级，这个问题在我们这里风气不是那么好。当然这是有它的历史原因，但是对有些决定，有些人能顶就顶，这个绝不是个例，相当多的事情是这个样子。党内的布置、党内提出的要求，到某单位时就不去落实，不按组织的要求来办。党的纪律相当松弛，这种情况值得我们注意。所以我们在学文件时，在查不正之风时，在听取群众的意见的时候，我们都不要忘记通过这次总结，使得我们党员能更好地遵守我们党的纪律，使得我们这四个要求中加强纪律问题，能够通过总结得到进一步的推动。

最后一个问题，就是这次总结要展开批评与自我批评。整党是不是走过场，最主要的一条，就是在党内很好地开展批评与自我批评。这次我们有些单位、有些领导同志做得比较好，这确实因为开展批评与自我批评加强了我们党内的团结，这方面有许多好的事例。但是也应该说在我们领导干部中间，在领导干部跟群众之间，批评和自我批评的空气，还不是所有单位都做得很好。所以在这方面希望同志们能够很好地注意这个事情，想办法在我们最后这次做总结时能够动员我们所有的同志很好地开展批评与自我批评。在支部内，这个问题也很重要。我这里可以举一两个例子来说，哲学所有一个同志，在整党登记表上他提到了这么一个问题：他说自己对提精神污染开始是怀疑，接下来是不满与抵制，最后的结果是反对。这样提法提出反对反精神污染是错误的。这个同志在整党登记中发表过他的意见，我觉得对一个共产党员来讲，向组织发表这个问题的看法是允许的，这是一个认识问题。要是在过去呀，我们可以说这条跟中央的不一致，那就是一个政治问题，就要受到这样那样的处分，甚至有这样那样的斗争，在"文化大革命"时期又采取那种更过激的做法，而现在，我们不会那样做。但是另外一点，支部的同志对于这样的意见究竟采取什么态度呢？据说有的同志对他这个提法表示不同意，有的同志不发表意见。这个事情我觉得不是一个一般的问题，而是在检验我们党的支部的战斗力的问题。

关于精神污染这个问题，我们今后更应按照中央的精神意图来看待，既然要跟中央保持一致，那么我们就应该按照中央的精神意图来对待这个同志发表的这个意见。政府工作报告里有这样一段话：实践证明，严肃地又正确地反对和抵制精神污染，对于提高人民群众的思想觉悟和发扬健康、奋发向上的社会风尚，具有积极的作用，是建设社会主义精神文明不可缺少的重要的一面，也是我们国家一项长期的带有根本性的任务。这就是说，不但是需要，而且是长期的。这是中央的一个决定，那么这位同志表示反对，这点就是跟中央不一致了。如果他到外面社会上散布这些言论，那是错误的，要受党纪的处分。但他是在登记表中写这些东西，他有权向党发表这个意见，因此我们对这个同志不采取任何处分。他在党内可以发表他的意见，他可以保留他的意见。他很坦白地摆出了他的意见，我们的同志能帮助他认识他的错误。关于这个问题我举这个例子，不是单纯作为一个例子来说，而是我们机关中，对精神污染有类似看法的同志恐怕还是有的，不过有的同志他没有说出来，没有写出来就是了。但对这个问题该怎么看呢？我们就要有个尺度，这个尺度就是中央的决定。但是有的同志他要保留他的意见，保留意见可以，但我们支部对于这样同志的这个意见，应该耐心、善意地帮助他认识错误，我们绝不能像过去那样拿起棍子来，拿起帽子来，但是应该有个批评的精神。现在这个批评的精神在支部里头比较薄弱，虽然有的同志也不同意这个看法，但批评比较薄弱。这一次在登记过程中，对于一些在工作中有各种错误的同志，在支部是不是提出对他批评与自我批评呢？应该说，并不是所有同志都能够做到这一点。因此这次总结我们提出来，整党总结最后的工作提出来，开展批评与自我批评我觉得是十分必要的。

　　我再举一个例子，有一个同志在登记表中填上多少次了，我应该提到几级几级的待遇，一直到现在我这问题也没有解决。这个登记表中为什么谈你的级别的问题呢？而且是多少年来如何如何，别的问题没有提却专谈这个问题。在整党的登记中，你主要对你个人单位有这么些意见，我们觉得难道整党对你来说，就能够让你得到这个结论——我的级别问题没有得到解决，这个问题要向组织提出来，这就是我整党中的收获。我整党有什么收获，就是发现我的级别待遇没得到公正的处理，努力奋斗的方向就是在今后要把我的级别问题解决了。我看把别的问题放到边上，自己的问题摆到第一位，不大像是一个共产党员呀！经过整党以后，应该再摆出一个奋斗目标来，咱们的奋斗目标应该是为共产主义奋斗吧，当初我们入党宣誓举过手的。现在你提出来主要是关于级别的个人问题。我听说他提出这个问题后，有人对他提出了批评意见，有人说"哎呀，算了吧，就让他登记通过吧"。我们现在有一种老好人，就在整党最后登记期间，不肯真正按照党的原则、按照党员的三四五条标准，该展开批评的不批评，当然这个同志也缺乏自我批评。据说这个同志经过几次提醒以后，说认识有提高，表示改变，但是后边的情况怎么样我不清楚。有的所某同志做过一桩事情，按理应向所里、院里领导同志讲了，在得到批准以后才能做的，他都私下里头去搞了，而且在社会上都扩散了，像这样的人在这次整党里头我看应给他必要的严格的批评。过去我们在纪律方面松弛了，像这样的事情在所在的支部中并没有得到强烈的反应。

我还可以举例子，现在有的同志听说我们民主推荐所长，有人在私下各方面活动，甚至在办公室里头就讲了，×××你跟我怎么样，将来你当室主任或你当副所长，公开活动，而且还不止一个同志如此，有好几个同志都进行了活动，公然在办公室当着许多人的面就开始组他的阁。他希望当所长，因此他就去散布一些言论，希望能够在这次民主推荐中能够推荐他。这种做法同我们共产党员全心全意为人民服务的宗旨太不一致了吧！在这个问题上据我所知，他所在支部对他的做法进行严格的教育，体现了批评与自我批评的精神。因此，我觉得在我们整党总结的过程中，进一步开展批评与自我批评，保证我们做好这个整党总结工作，保证我们这次整党能够善始善终，也保证我们所有的同志能跟中央保持一致，在党内加强纪律等方面，能够得到好处。关于必须开展批评与自我批评这个问题，我也不需要多说，同志们都了解。

整党总结，除了要提出总结安排，对内容、要求、进度做出安排以外，在此期间，首先要彻查这种不正之风，要好好地学习我们整党的文件，要征求、听取党外群众的意见，要进一步开展批评与自我批评。在3月底以前用一段时间集中起来抓好这件事情，由各分党组的领导同志负责抓这项工作。这其中有一条希望跟同志们说清楚：分党组现在有一部分同志，认为他年纪比较大了，在这一次调整领导班子时要退下来，也有些同志可能认为将来要年轻化，又要实行所长负责制，将来我不一定参加领导工作了，这一次采取观望等待的态度，我看我们不应采取这个态度。现在我们这个党组，整党指导小组，把整党这个重大的责任交给分党组来抓，那么分党组就应该一直抓，抓到底，要善始善终，负责到底。不管今后领导班子怎么安排，现有这个工作还是你负责，你应该负责到底，直到做出总结，直到登记完毕，做出总结，这个总结支部讨论同意了才算完成了整党任务。当然，你这一部分人中还有没有纯洁队伍中不涉及的人，譬如你这里头是不是有"三种人"，有没有缓期登记的人，如果这个人的事情还没有查清楚，还要在你的领导下把这个问题弄清楚。不要以为登记完了就万事大吉。我们还是要抓这么几个事情，把结尾的事情做好，因此调整领导班子的事情，等到我们总结完了再进行，除有三个所作了民主推荐以外，其他所都等总结完了再进行。可以由民主推荐领导来决定这样的所当然很多了，我们也都考虑了，但是这一步工作决不在现在插进去，不能影响我们的整党总结工作，等总结工作完了以后，也就说整党告一段落了，那个时候再根据整党的结果来考虑领导班子的问题，领导班子的调整，决不在这里干扰我们的整党总结工作。

联络员同志在此期间做了很多工作，也很有贡献，这些同志确实表现得非常好，我希望联络员他们一直帮忙到底，最后等整党完了以后再离开，不要因为本单位现在科研任务比较重，或者别的什么问题要提前退出。现在到3月底是一个月，在3月上半月结束这个事情，3月15号完了以后你也就可以退出，就可以回到正常的生活中去。联络员也好，分党组也好，要自始至终。甚至可以这样说，分党组的同志在新领导班子建立以后，还要帮领导班子一段时间，也可能你就是新领导班子的成员，也可能你不是，不是的还帮忙扶上马，送一程嘛！分党组的事情我们作为党的一个领导核心，我们要把事情处理妥善了以后我们再结束。不但整党总结要做好，涉及纯洁队伍的事更要做好，而且领导班子的调整问题也希望你能够协助做好。待新领导班子成立以后，你还能够帮他熟悉情况，开始他的领导工作，这也是我们的老话：扶上马，送一程。那么在这以后，我们就转到怎么建立健全党内的生活，来巩固我们整党的成果的问题上来。在这里我要特别提到要吸收好的、优秀的愿意为我们共产主义事业奋斗的人入党。能不能够考虑在今年七一以前，有一批过去长期要求入党的我们没有工夫解决的，或者是我们疏忽了没有去注意的，或由于我们官僚主义等原因一直没有解决的，能够集中力量解决一批人。当然首先他要符合党员条件。一方面是健全我们党内的生活，发展我们整党的成果，另一方面可以吸收一些优秀分子入党。

最后，我们机关准备开党代会了，要成立新的党的组织。我希望吸收新党员的问题，特别是多年以来向党提出申请而一直没得到满足的中青年知识分子，也包括老的知识分子，能够指定人具体帮助，能够让我们党增添新的血液，来扩大我们党的队伍。我今天想要讲到的和我们总结的事情就这么几条。各个分党组、各个局可以根据你们具体情况去安排。如果有什么其他情况，再跟整党指导小组、联络员来联系。由于时间问题，我可能还有说得不完全的地方。

我们希望老同志，在整党的最后这一仗，不一定是站好最后一班岗吧，做好整党最后这项工作，把我们整党这一成绩提高一步，把这一年来我们没有做好的一些事情，需补课的补课，认真做好它。时间不多，就到3月底这一个月，安排好了相对集中半个月也可以完成，希望大家能够抓紧一些。

深入细致整改
区分对待不同问题

——在院属各单位分党组书记会议上的讲话（摘要）

（1984 年 8 月 7 日）

今天想着重谈整改问题。

党组已向全体党员作了检查，马洪同志和我个人也作了检查，同志们提出了很多很好的意见和批评。我们准备把党组和个人的检查再作修改，然后上报。

关于院里的领导体制及管理体制的改革问题，党组早已准备了一个意见，并已在对照检查后发给同志们了。党组决定把改革意见在讨论集体和个人对照检查后再发给大家，目的是要大家先集中讨论检查，然后再讨论改革意见（讲话中有关改革部分，从略）。整党中要抓改革，不改革，不能适应新的形势。但改革与整党不是一回事，按照中央决定，整党有四项任务，是有限期的，而改革是长期的。整党结束后还要继续改革。社会主义制度优越性的一个方面是能够自身不断进行改革。整党与改革两者既有区别又有联系。

中指委九号通知指出，整党中要有一个整改阶段，一般在对照检查后进行，时间为三个月。整改阶段是要解决整党过程中暴露出来的本单位思想、作风、组织方面存在的妨碍贯彻中央路线、方针、政策的急迫问题，同时还要解决有关改革的指导思想问题。整改中要着重解决的一个重要问题就是要彻底否定"文化大革命"，增强党性，消除派性。当然，整改中还要做别的一些工作，如建立一些规章制度、调整部分领导班子、建立岗位责任制、改进工作作风、提高工作效率，以及处理一些官僚主义和以权谋私等问题。现在我院院属 46 个单位，已经或即将转入对照检查的有 24 个单位，正在学习文件的有 11 个单位，还有 1/4 的单位正在积极准备中。无论哪一种情况的单位，都要把彻底否定"文化大革命"，增强党性、克服派性的学习，作为一个重点内容，或者边整边改，或者未整先改，切实做出安排，认真抓好。

为什么现在还要强调彻底否定"文化大革命"？因为"文化大革命"的"左"的流毒和影响还没有完全肃清，还有些人依然存在某些糊涂观念和错误认识。从现在我们院在政治上、思想上、作风上存在的许多问题，可以看到"文化大革命"的后果多么严重。彻底否定"文化大革命"的必要性，在六中全会的《历史决议》和整党决定中，都有详细的论述，现在发给大家的《解放军报》的文章也可供参考，我就不详说了。中央领导同志说过：受"文化大革命""左"的影响，不是有没有的问题，而是多和少、长和短、深和浅的问题。有些在"文化大革命"中，积极造反夺权、搞打砸抢、搞专案、刑讯逼供、摧残人身，一直对"批林批孔"十分积极的人，到现在还不能面对客观，进行检查，认真总结经验，接受教训，而是强调客观原因，采取回避态度，这不是正确态度。现在整党到了从思想上彻底清理的时候了。党组织要求那些在"文化大革命"中有过大大小小错误的同志学好文件，深刻认识"文化大革命"从理论到实践是完全错误的，给党给人民带来了严重的灾难和破坏。就是在"文化大革命"中受过冲击的同志，也有"左"的影响，也要认真清理。

学部是"文化大革命"最早发难的单位，是一个重灾区。"四人帮"垮台后，乔木等同志来主持工作。经过揭批查，特别经过对六中全会历史决议的学习，全院同志思想上有了很大提高，但派性还没有根除，这些都是由于受到当时历史条件的限制。五年来国内形势的巨大发展，这一伟大实践证明了"文化大革命"是完全错误的，"两个凡是"也是错误的。在我们院，绝大多数人对派性是厌恶的，但还有极少数的人热衷于搞派性。我们对院内派性及其残余危害不能低估，有的人在"文化大革命"中造反入党，抓了这个权那个权，他们有的伪装得很好，而个别单位的负责人由于丧失警惕，当了他们的保护伞。比如落实知识分子政策，他们不按党的政策办事，对同派的人一个样，对不同派的人又是一个样。另外一些人，还有派性残余。平时对不同派的人什么都看不顺眼，在工作中不是互相支持而是互不信任，有疙瘩，一到调整班子、选拔干部、评职称、提工资的时候就活跃起来，暗中串连，为一派利益斗争。除此之外，原来在中联部的一些研究所，也有类似的情况，从外单位调进的工作人员中，也有一些造反积极、派性严重的人。虽然这几年来情况发生了很大变化，但在院里还是有派性活动，个别单位甚至相当猖狂。如果在整党期间不着重解决这个问题，不给派性一个毁灭性打击，彻底加以清除，那么贯彻中央的路线、方针、政策，在思想上政治上同中央保持一致，只能是一句空话。

　　在整改中，我们要再次学习《建国以来党的若干历史问题的决议》和整党文件，联系全国、本院、本所和自己的思想实际，提高认识，从理论到实践，从思想到感情，彻底否定"文化大革命"，把思想统一到党的十一届三中全会以后的路线上来。在组织上我们要彻底清查"三种人"，要处理那些坚持派性不肯悔改的人，要使用、提拔坚持原则、来自五湖四海的同志，特别是中青年干部。同志们，我们的改革意见中有一项是实行所长负责制，副所长、室主任由所长提名。我们还提倡自愿组合搞课题研究。如果不消除派性，即使所长是党性强的人，他推荐的人是合适的，那些有派性而未受到推荐的人就会责备所长，这也不是，那也不是，就告状，闹不团结，搞得乌烟瘴气。如果所长还有派性残余，那就更加危险。可见，不清除派性，我们的改革就不可能达到目的。

　　应当看到，反对和消除派性是十分复杂十分艰巨的工作。在"文化大革命"中发生和发展起来的派性，是历史上遗留下来的行帮思想、宗派残余以及无政府主义、极端个人主义在特定历史条件下的特殊表现，是"左"的错误政策带来的社会产物。

　　在这次整改中，我们希望那些在"文化大革命"中有过错误的同志，特别是还在领导岗位上的同志，要认真严肃地做出检查，这不是算旧账，也不是追究个人责任，而是总结经验，提高认识，以免重犯。我们不算旧账，也不是再来一次历史审查，我们的目的是要总结经验教训，提高认识，消除派性，增强党性。老所要带头，领导要带头。只要这样做了，就既能吸取教训，也能教育别人，取得群众的谅解。关于犯有严重错误的人，就要看他们在"文化大革命"期间所犯错误或罪行的事实情节、后果的严重程度，严肃认真进行具体分析。凡是拒不认错表现恶劣的，要从严处理。

我们还要请那些在"文化大革命"中入党的同志好好回忆一下自己是怎样申请入党的，他们对于"文化大革命"采取什么态度，过去是什么态度，现在又是什么态度。

整改、消除派性不存在人人过关的问题。在"文化大革命"中犯有一般错误的同志，或者有错误已经作过处理，有了结论，在整党中又没有发现新问题的，我们都不作为问题提出来，但是希望这些同志自觉地通过学习提高认识。在整党后期，我们要对那些在"文化大革命"中犯有比较严重错误、到现在未作结论的同志提出处理的意见，做出结论，这是必须办好的一件事情。

我们要求各单位党的组织要开展谈心活动，对有错误的同志多加帮助，要引导他摆脱派性是非，消除戒备心理。我们希望一些比较负责的同志，要真正向前看，把党的利益党的原则落实到行动上。有一个研究所的一位比较负责的同志，在整党过程中认识到派性的危害，在分党组会上提出，愿意同一个过去因为派性关系很紧张、长期不讲话、对工作也有影响的另外一派的一个同志，主动消除隔阂。他主动地写信给那位同志，约好谈话时间，对方也欣然接受，准备了酒饭。这位同志去了以后，一边吃饭，同时作了自我批评，请吃饭的同志也作了自我批评，此后，这两个同志之间派性留下的围墙就拆除了，关系有所好转。我们希望负责同志要主动采取各种行动去消除派性。我们对那些犯有错误的同志要满腔热情，从团结出发、而不是从意气出发、从任何个人恩怨出发，要耐心细致地做深入的工作，逐步恢复党内正常的民主生活，真正恢复批评自我批评的优良传统，克服过去"左"的影响。我们开始整党半年来，全国形势非常好，空前地好，说明我们这次整党和过去的运动是不一样的，中央规定的整党的方针、步骤都是完全正确的。我们一定要坚决地切实地执行中央整党决定，使这次整党能够比延安整风做得细、做得深、做得好。

为了彻底否定"文化大革命"、消除派性，我们还要求"文化大革命"中了解情况的人把自己了解的情况、保存的材料告诉组织，包括那些在外单位工作的人的情况，以便把一些问题弄清楚。查清楚是为了分清责任，并且让那些错误比较严重的人得到组织的帮助，提高自己的认识。我们对于"文化大革命"中犯有错误的人不是一概而论，而是要根据具体情况做出具体的分析，个别处理。我们要考虑到当时派斗的具体历史情况，同那种在坏人指挥下，有组织、有计划、有领导地迫害领导干部致死的情况有所区别，而且对主从也要有所区别。总之，要根据具体情况加以分析，"文化大革命"经历了十年。对人的观察，要看到他十年中的变化，有的人始终是坏的，甚至越来越坏；有的人由坏变好，有的人由狂热拥护变成积极反对。学部有许多在"文化大革命"开始时参加造反，到了"批林批孔"，特别是"天安门事件"发生后，就变为反对、不满"四人帮"。要从发展的过程来观察判断一个人，否定"文化大革命"不等于在"文化大革命"中沾边的人都要打倒，都要否定。但是在这次整改中，所有沾边的人都要总结经验教训，提高认识，真正做到在思想上、政治上同中央保持一致。

克服松懈情绪　认真完成整改

—— 在院属各单位分党组成员会议上的讲话（摘要）

（1984 年 12 月 8 日）

院党组和院整党指导小组最近分别讨论了我院的整党工作，初步意见，要求在春节前基本结束。

目前，全院有 30 个单位（其中有 20 个研究所）对照检查已经结束，这一部分党员占全院党员的 72%，正在进行和即将开始进行对照检查的有 10 个单位，其他还有几个单位，包括两个我们代管单位整党刚开始，这部分是少数。看来，除少数单位整党工作肯定要延长到明年外，大部分单位可以在春节前基本结束。现在到春节，尚有完整的两个月。只要我们抓紧，集中力量，加强领导，克服松劲和疲沓情绪，是可以争取完成整党任务的。

我院整党已进行了一年。头三个月反对精神污染，开始气氛比较紧张，现在看这个阶段工作没出什么偏差，接着学习文件边整边学，对照检查。在整改阶段，着重抓了彻底否定"文化大革命"教育，消除派性，检查了官僚主义和不正之风。多数单位前几项任务抓得比较认真，效果比较显著。比如，整党的重要任务之一是统一思想，这就要坚决纠正一切违反十一届三中全会以后党的路线、方针、政策的"左"的和右的错误倾向。对彻底否定"文化大革命"的教育，经过疏导、说服，克服怕影响安定团结等思想障碍以后，各分党组普遍抓得较紧，学习取得了比较明显的收获，党员干部进一步提高了对"左"的错误的危害和"左"的影响的认识。因此，应该说我们这个机关现在在派性的消除、团结的加强方面，比过去大大前进了一步，是以往几年所没有的。因而我们也就增强了贯彻十一届三中全会以来的路线、方针、政策的自觉性和坚定性。我个人在这次整党中的收获之一，就是进一步认识到，我在党委工作时以及机构改革后在党组工作时，对反"左"有时注意不够。相对地我比较注意了反右，这有历史原因。我刚到中国社会科学院时，面对有些同志对四项基本原则有怀疑，甚至有抵触情绪，少数同志存在反对情绪的情况。因此我们对右的倾向，也就是资产阶级自由化的倾向比较注意，而对领导思想中长期存在的"左"的影响估计不足，对防"左"不怎么强调，而事实上"左"的残余还是很有力量的。比如在我们院里落实知识分子政策，住房的分配、知识分子入党等方面，都有"左"的残余影响，经过这次整党，看的是比较清楚的。我个人认识上的这种提高，使我能够在政治上、思想上更好地与中央保持一致。不仅我个人，我相信社科院许多党员同志在彻底否定"文化大革命"中普遍地受到了一次很好的路线教育，这就是我们在整党中统一思想的一个很好的收获。不仅如此，这一年的整党使我们进一步掌握了实事求是的思想路线，大家有决心开创工作的新局面。许多同志作了认真的考虑，提出了很多重要的意见，对院领导提出了中肯的批评，有许多同志提出了各种方案，这个时期，出现了整改的很好的形势，同时，我们还查明了一些积案，纠正了一些不正之风。我们对以权谋私，送自己的子女出国或进本单位以及住房分配等问题做了比较长时间的检查，发现了一些事情。总的来说，在我们机关这方面的问题还不能说很严重。只有少数几个同志住房超过应有的平方米。另一些同志做了一些不正当的事情，我们批评了，纠正了。我们进一步落实党的政策，加强了团结，更好地调动了各方面的积极性。整党开始有些同志害怕社科院再来一次"运动"。一年来的事实证明，我们各分党组、各单位、院党组、整党指导小组是坚决按中央的政策办事的，从未在整党中对同志们无限上纲，无情打击，从未抓辫子、打棍子、戴帽子、装袋子。只有个别人被解除了党内职务，有些人受到了严格的批评，这是为着加强整党领导，是必要的。当然，发展是不平衡的，有少数单位做得比较松，比较差。党组和整党指导小组一年来的工作还有不少缺点，主要是没有分成两个班子，一个整党班子，一个业务班子，以致领导不能集中全力搞好业务、搞好整党。这实际上是对中国社会科学院的整党工作的复杂性和难度估计不足。其次是整改抓得不狠，有些整改工作，讲了很多，最后由于外部或本身的限制还没有落实。还有一点就是有时紧时松现象，最近一个时期有点儿松劲。这方面我要负主要责任。

根据中指委十号"通知"精神和我院实际情况，我们一定要克服松劲情绪，在春节前集中力量进一步做好整改，以及做好整党的结尾工作。主要抓以下五项。

第一，继续大力抓好整改工作。这是五项工作中第一个也是最重要的工作。当前整改工作要结合十二届三中全会文件学习，进一步端正业务指导思想。社科院是个研究机关，不是生产部门。它是以科研成果来为人民服务，为四化服务的。而成果的好坏、多少，和业务指导思想有密切关系。十二届三中全会文件是马列主义基本原理同中国实际结合的历史性纲领性文件。中央领导同志指出，说它是历史性的，是因为到现在我们党内还没有一个文件，它的重要性能和三中全会关于经济体制改革的决定相比。我们取得政权后搞社会主义建设已有 35 年，但只有十二届三中全会才对社会主义经济问题、社会主义经济管理体制问题以及一直成为争论的社会主义商品经济问题开展了认真系统的讨论，制定了这个文件。这个文件对许多重大的、长期没有得到解决、长期存在争论的一些问题在理论上作了一些纲领性的解答。我们说是纲领性，是因为它还不能包括一切方面，把一切问题都接触到，有些还需要进一步展开，特别是在文件实施以后不断出现的新问题，要对这些新问题分析和研究。这就需要我们从事社会科学研究的同志把我们的全部力量投进去，学习这个文件，宣传它、研究它，并且付诸实践。如果三中全会文件没有推动中国社会科学院工作，没有使中国社会科学院在宣传文件研究文件方面做出成绩，使其工作出现新局面，那我们就没有尽到责任，我们整党也就是走过场。这个文件给我们提出了许多非常重要的研究课题，给我们的许多学科（当然不是全部学科）出了题目。比如，用乔木同志的话来说，社会主义制度究竟是什么样的制度，如何解决社会主义经济存在的矛盾，如何进一步认识人民内部矛盾，怎样对人民内部矛盾进行合乎规律的调节。在哲学方面他在给党组成员和邢贲思同志的一封信中提出，社会主义历史的阶段性问题，社会主义（共产主义）是只有两个阶段还是有若干阶段，或是两个阶段各分若干阶段？阶段的转变是通过改革还是革命？这些问题都是我们过去没有研究，现在值得认真研究的。

社会主义社会的生产力和生产关系的矛盾、经济基础和上层建筑的矛盾问题、脑力劳动和体力劳动、城市与乡村、两种公有制的矛盾，这些问题已不像马恩列斯所设想或论断的那样，现在在我们国家的现实生活中出现了新的情况，需要从新的历史事实出发来看待这些问题。因此需要我们做哲学研究的人认真学习文件，根据文件所提出的理论性课题进行研究。他还提到，社会主义的规律系统问题，社会主义制度下的全民、集体、个人的相互关系的问题，为什么生产责任制有这么大的优越性？他说这只是初步的思索，哲学方面应该研究的问题还有很多，希望我们哲学所的同志认真进行研究。当然我们还没有力量对所有问题进行研究，但一定要把我们的主要力量放到结合三中全会的文件而制定的重要课题这一方面来。这才是理论面向实际，理论指导实际。十二届三中全会的文件不仅是讨论了经济问题，还从各方面影响了我们的思想方法和生活方式，它的影响之大，怎样估计都不过分。因此不仅对经济学对哲学还对我们中国社会科学院许多社会科学学科（当然不是所有学科）提出了新的研究课题。这就要求各个学科要端正它的业务指导思想，调整我们的研究课题，同时还要根据文件精神，考虑如何加强新兴科学的研究，以提高我们的理论水平。乔木同志说，如果我们搞社会科学的人不懂控制论、信息论、系统论，如果我们不能运用新的科学方法来研究，就不能做出系统的、科学的、精确的解释，对它的发展规律，也不能做出精确的说明，就谈不上为社会主义现代化服务，马克思主义的社会科学理论水平就提不高，也不能发展马克思主义。这就要改变我们的现状，要更新我们的知识，要我们学习自然科学、学习数学、学习外语、使用现代化研究工具，等等。这方面我们已经落后。要改变这种状况，要打破几十年来统治着我们学术研究的老框框、老套套，要克服僵化，就要改变我们在学术研究方面长期统治着我们头脑的学术思想，这就要求改革。因此，我院整党的整改工作，首先就是要端正我们的业务思想，相应地修改我们明年的研究计划和"七五"计划。

除开端正业务思想外，还有两个问题在整改中需要解决。

一是确定所的人员结构，定编、定员、定课题，然后才能落实责任制或承包制。看来一个所有三类情况的人，第一类有研究能力，也能出成果，对于这些骨干，应保持他们工作的稳定性及连续性，并使他们得到必要的支持和奖励。第二类人在研究方面不一定有多少创见，但可以组织起来写出社会需要的文章或书，使读者受益；也可担负咨询、教学工作。第三类从事资料辅助工作。对各种情况的同志，都要使他们的劳动成果与待遇挂钩。其他不称职、不干事的人，有的学习，有的另行安排工作，或调出改作其他更能发挥作用的工作。从全院来说，还要安排一部分学识比较丰富、懂外语、有外事活动能力的人来担负对外学术交流和港台地区的相关工作。

二是现在已办了不少刊授、函授、咨询服务、出版社、知青社等组织，都说是根据三中全会号召开办的。对这一类工作，应有一个明确方针，决不能让一些类似投机取巧、巧立名目、目的在增加收入的不正之风泛滥。这问题院党组已经讨论两次，要做出明确的规定。在我们可能的范围内进行这样一类的工作不但是允许的，也是我们应担负的一个任务。但是有些事情是相当出格的。这里举一个例子。我们中国社会科学院的法学所跟另外一个单位合办了一个中国经济法业余研究生院，发了招生简章。这个研究生院的所有工作人员都是我们法学所的研究人员，包括研究员、副研究员、助研，要用整个法学所的力量去经营一个法律的研究生院。这件事情，院长、科研办和我们都不知道，事先不请示，也没有透露，实际上对院领导封锁着消息来进行这个工作。这个简章，开的名单里头有九个研究员，其中两个人反对，两个人本身不是研究员，三个人卧床不起，那么简章中说有多少研究员，而且一个人可以带三个研究生，与事实完全不符合。还有，副研究员 38 个人中，有些同志也不同意这样的做法，有的同志不是研究经济法的，有的同志在美国，还没有回来，有的根本不是研究法学的，根本没有教课能力，却全部写了进去。这个研究生院宣布实行一个星期两个下午上课，两年就培养出一个研究生来。其收费标准，一年两学期，一学期 800 元。我不相信这是很认真很严肃的态度，用这样的一种做法不可能培养出真正的研究生来。那么我们中国社会科学院的法学所怎么能用这么一个办法来办所谓的研究生院呢？我提醒大家注意，这是新出现的不正之风，希望院纪委要法学所做出认真的检查，应该处理这个事情。这只是一个典型的例子，也还有些事例是不大好的。今天跟大家打一个招呼，我们的做法要完全符合中央要求，要反对任何新的不正之风，在整改过程中怎样对待这类事情要订出个方针。

第二，是调整领导班子的问题。过去我们提到有些领导班子是过渡性的，这次领导班子的调整，要注意到中央提出的"四化"的要求。我认为像中国社会科学院这样的机关与生产部门、管理部门不一样，我们领导干部要年轻化，但还有一个知识积累的问题，还有个学术地位的问题。当一个所长，对于所的各学科业务，不熟悉，没有经验，也没有一定的学术地位，对内对外都会处于一个很难领导的状态，所以有一部分同志，年纪还不算大，身体也好，能够继续工作的，不一定非要一刀切地让他离开工作岗位。但是，我们现在的领导班子确实有老化现象，领导班子的调整应提到整党的日程上。要调整好领导班子，也要有个规定，是不是实行所长负责制？所长怎么产生？是委派，还是选举？两种都可以用还是只能用一种？这个问题要定下来。领导班子是怎么样组成，要哪些成员，要不要行政副所长、所长助理，等等。所的领导班子是不是由所长组阁提名？要不要成立分党组？党委书记是不是参加所的领导班子？都应有个规定。现在根据我们了解的情况，相当多的所在春节前是可以完成领导班子的调整的。再一个是院的领导班子，这当然由中央来决定。但我们应提出意见。

第三，院的各职能部门要简政放权，而且在院里要普遍实行责任制。这个问题比较复杂。在财政部、劳动人事部各方面还没改变现在的规定以前，我们有些事是很难自行决定的。现在他们开始有些改变，比如说统购物资由30多种变到16种，但毕竟还有16种啊！所里要买这16种里面的东西还要经过院。我们有些人权财权下放遇到一些原有的规定，使得我们权力下放不了。但不管怎么样我们还要提出我们的意见，争取有关部门支持，把我们的人权财权下放。还有分房子的权，我们有一个初步意见：研究员、副研究员、所长、副所长的房子由院统一解决以外，各所其他人员的房子问题由各个所根据本所情况来安排。比如我们现在建了300套房子，按各所缺房的比例，分给各所，由所里去解决。我们打算提出一个方案。还有基本建设问题，我们同意院所合作，但根据以往的经验，"合作"

往往缺少管理，缺少"内行"，结果拿走了高标号的水泥、好砖，用了很次的，造成房屋质量低劣、工期拖延等问题。这方面今后怎么做，还需要个成文的规定。还有外事权，也都要研究，只有把权下放以后，各个所才能订好责任制，院直各职能机构才好精减人员，减少编制，才能定人定编。还有一个特殊问题是行政部门和服务公司，我们正在研究。简政放权，在实行的过程中，肯定会有些混乱。我们不要怕，经过一段时间摸索以后，会慢慢走上轨道。一定要简政放权，一定要实行责任制，一定要精减大量的人员。这些人员中有的留下来，有的改做别的工作，有的调出来，有的去学习，不能像现在这个样子，机构臃肿。我们应响应邓小平同志意见，要"消肿"，要下决心才能把我们这个机构整顿好。

第四，搞好核查"三种人"的工作。这方面我们正在组织力量积极做工作，争取在春节前把问题查清，写出结论，进行处理。

第五，搞好党员登记和整党总结，我们另作安排。

考虑到前面提到的任务比较繁重，时间比较紧迫，因此提议，从现在到春节前，院的党组成员，院属各所领导同志除特殊情况经院批准以外，一律不要外出。已经外出的要尽快通知回来。为了加强对整改工作的具体指导，院里成立了三个小组，分别对端正业务指导思想、调整领导班子和简政放权、落实责任制、精减人员等项工作进行了具体分工。

现在距春节只有两个月，我们整改的压轴戏就在这两个月里了，所以一定要抓紧、抓好，强调各个分党组要加强领导，千万不要松劲，特别是一二把手。要特别注意质量，各单位从自己的实际情况出发，不要赶进度不考虑效果。院整党指导小组要检查一下我们的一些单位整党工作有没有走过场，特别是在彻底否定"文化大革命"方面有没有马马虎虎地过去了。如果有这种情况要补课，不要等到将来整党结束发现不够再重来，要认真检查。

严格把握政策　责罚松紧有度

——在各所分党组成员和院直机关
负责人会议上的讲话
（1985 年 2 月 2 日）

我院绝大多数单位已进入整党后期即党员登记阶段。这项工作做好了，可以纯洁组织，提高党的战斗力，发挥党组织的战斗堡垒作用，我们的整党工作可以圆满结束了；如果做得不好，就可能走过场。对这个问题，大多数所分党组是重视的；但是也有极少数单位的党组织对党员登记的重要性认识不足，重视不够。例如有一个党员，"文化大革命"中跳得很高；粉碎"四人帮"后还在公开场合辱骂中央领导同志，至今他对自己的错误都没有认真检查，他所在的支部竟然同意他登记。分党组书记找他谈话，他不仅不作深刻检查，甚至还采用威胁手段。试想，这样的支部能起战斗堡垒作用吗？支部书记怕得罪人，不敢碰硬，当和事佬，忘记了党员登记是一件必须严肃、慎重对待的事情。因此，院党组要求各所党组负责同志，特别是分党组书记，要认真做好党支部工作，要把好关，不要使我们的整党工作功亏一篑。

整党决定中规定党员登记有几种情况：登记、缓期登记，

不予登记。除这几种情况外，对一个人的问题一下子还没有搞
得很清楚，或者是有些问题还需要进一步研究的，就不要急于
登记，可以暂缓登记。暂缓登记不是像缓期登记那样缓一两
年，而是暂缓三五个月，以待把问题弄清之后再作处理。

　　对一个同志所犯的错误要认真分析，不只是看他是不是一
贯的，还要看他认识错误的态度和检查的态度。对小事情不要
揪住不放，但大的事情必须搞清楚。只要他不是"三种人"，
又有转变的决心和表现，我们就应该给他一个缓期登记的机
会。总之，我们要按原则办事，不要大事化小，小事化了。就
是对于不予登记的，我们也要做好他们的工作，使他们认识到
自己虽然不够做一个党员的条件，但还可以做一个好公民。在
对犯错误的同志做出处理决定时，一定要与犯错误的同志见
面，要听取他的意见，并经支部大会通过。如他本人还有意
见，可以申辩，也可以保留意见。

　　对整党工作我们既要抓紧，又不要赶进度。春节前能完成
的单位，一定要抓紧，争取春节前完成。一些单位春节前不能
完成的，不要勉强，不要一刀切。

善始善终
高质量地完成整党任务

——在各所分党组负责人会上的讲话
（1985 年 3 月 1 日）

　　我院有 24 个单位党员登记已经结束，有 16 个单位即将结束，这 40 个单位的党员占全院党员总数的 89%。总的来看，我院的整党工作是按照中央的部署和要求进行的，进展是健康的，取得了一定的成绩。但是各所、各支部之间并不平衡，有个别支部还需要认真补课，否则有可能走过场。

　　凡完成党员登记的单位，在 3 月份拿出两个星期左右的时间，集中精力，认真地做好整党总结。通过总结，进一步提高党员觉悟，巩固整党成果。对前一阶段整党中存在的问题，在总结时要抓紧解决。为了搞好总结工作，我们要抓住以下四个问题：首先，彻底查处新的不正之风。如有的单位个别人买空卖空，拿回扣；还有些单位滥发奖金、补贴以及铺张浪费等问题，这些都要在总结工作中进行彻底检查，并加以纠正，情节严重的，要追究领导者的责任。不能认为我们单位是"清水衙门"，就轻易放过去。加强纪律是整党的基本要求之一。现在有些单位风气不好，纪律松弛，下级不服从上级，能顶就顶；

党的指示、决定，各取所需，不认真贯彻执行，等等。因此在检查和纠正新的不正之风时，应当把加强纪律作为一项重要内容，以保证党的各项决定的贯彻执行。其次，全体党员特别是领导干部要学好中央的整党决定。以整党的四项任务和五项标准作为镜子，对照本人和本单位进行检查，看我们整党工作做得怎么样，是否符合中央的要求。再次，广泛听取党外群众的意见。运用开会、谈心等形式，诚恳地征求党外群众对整党的意见。凡属正确的意见，都要积极采纳。最后，开展批评和自我批评。在这次整党中，相当多的单位在开展批评与自我批评方面做得很好，但是也有些单位开展得不好，所以在总结中要进一步开展批评和自我批评，以有利于通过整党提高共产主义觉悟。

希望各分党组切实加强领导，继续努力，把整党最后一个阶段的工作抓好，把整党的成绩再提高一步，善始善终、高质量地完成整党任务。

稳步前进
做好整党后的各项工作

——在整党工作总结会议上的讲话

（1985 年 5 月 23 日）

　　整党虽然已经基本结束，但是还有许多工作要做，首先是要继续巩固和发展整党成果。各单位要按照中经委和中组部的通知精神，建立健全党的组织生活，在 6 月底以前普遍召开一次分党组民主生活会，会前开展谈心活动，会上认真进行批评和自我批评。同时，要做好在知识分子中间发展党员的工作。整党期间我院共发展了 144 名同志入党，其中科研业务人员占 92%。但是至今还有一些申请多年并具备了党员条件的同志没有入党，应当做好这些人员的组织发展工作。

　　其次，调整好所、局一级领导班子。目前有很多工作要做，所、局班子不调整有些工作难进行。因此 6 月份要在广泛征求群众意见，特别是老专家、老学者意见的基础上，尽快把所长、局长确定下来，然后由他们组织各所、局的领导班子。他要求在组织领导班子过程中，一定要确实保证新的领导班子符合"四化"的要求。在新班子确定之前，老班子要继续负起责任，克服等待交班的思想，继续抓好整改和科研工作。

最后，纠正新的不正之风。我院现在还有个别单位和个人背着组织做生意，还不说实话，欺骗组织，掩盖错误。希望这些同志老老实实地向组织讲清楚，如继续明知故犯，一定要严肃处理。我院有人文风不正，把别人写的文章改头换面后，署上自己的名字发表。类似的事情在整党期间已发现几起。抄袭、剽窃他人文章，是侵占别人劳动成果的可耻行为，这不仅是党风不正的恶劣表现，也是科研道德所不能允许的。对这样的人和事，查清后，要予以通报批评。

编 后 记

今年是中国社会科学院建院四十周年，院里将建院以来各时期主要领导对社科工作的讲话、文稿以及指示，进行编辑出版，意义非常重大。

接到要我编辑整理梅益同志在我院担任领导工作期间的讲话和文稿的任务后，我就开始做收集工作。由于时间久远，再加上其家属已经将所有梅益同志文字资料捐赠给了中国传媒大学的"梅益纪念馆"，所以整理起来有一定难度。好在我院办公厅机要档案处完整地保存着建院以来各时期领导的各种讲话与文稿，在他们的鼎力帮助下，我才能够较为圆满地将此项工作按期完成。在此我对机要档案处的白晓丽处长以及其他各位同志表示由衷的谢意！

为了保证所摘编的讲话文稿能够真实地反映那时期的工作重点与时代性，梅益同志的讲话以及文稿我没有做任何删改，请大家要以历史的眼光来看待，如有不妥，多见谅。

陈 平

2017 年 4 月